Constitutional amendments
that will change our future

私たちの未来を変える

憲法改正

国民投票実現に向けたロードマップ

小田全宏

Zenko Oda

はじめに

本書をみなさんに読んでいただきたい思いは一つです。その思いとは、日本の歴史上初めての憲法改正を審議する国民投票を、２０２４年に実施することです。

憲法は、一般の国民から見たら、かなり縁遠いものかもしれません。

また「憲法改正」を掲げることが、日本の未来にとって本当に正解だとも言い切れないかもしれません。

しかし、憲法改正というテーマを軸として、私たち国民が、一度、真剣に日本の行く末を考え、国民の意思表明として、国民投票を実現したいというのが、本書の目的です。

本書は、五章および補章からなっています。

まず第一章は、「日本国憲法がどのように成立していったのか」を、歴史的に解き明かします。

第二章では、「憲法改正手続き」について、世界の各国がどのように憲法の改正をしているか比較検討しながら、日本の憲法改正は本来どうあるべきかを論じます。

その上で、第三章では、憲法改正の本丸ともいえる「9条改正」と「緊急事態条項の導入」について、詳細にお伝えします。

第四章は、これから憲法改正について考える時に、議論されることになるであろう9条以外の「7つの論点」について、私見を述べます。

最後の第五章では、結びとして「2024年に『憲法改正の国民投票』が実現するまでのロードマップ」をお示しします。

さらに補章として、素晴らしい明日の日本を築いていく上で、日本人が大切にしていきたい「8つのジャパン・スピリット」の提起と、『日本国憲法』の全文を掲載しました。

かつては「憲法改正」を口にすると、「平和を踏みにじるのか?」と批判される風潮もありましたが、今日では、憲法の改正に賛成する改憲派の国民は、護憲派を超えるという調査結果も出ています。

中国による覇権の膨張、頻発する北朝鮮のミサイル発射、ロシアのウクライナ侵攻など、まさに日本を取り巻く世界情勢が厳しさを増している昨今、日本国民のなかにも不安がひろがってきています。

では、このような状況のなかで憲法改正が簡単に実現するのかといえば、そうはなりません。今の憲法を変えるためには、高いハードルの改正条項を越えていかなくてはならないからです。

今日まで、憲法改正に関して、国民のなかには三つの考え方が存在しています。

一つ目は護憲派です。「憲法を変えるなどというのはもってのほか。そんなことをしたら日本は戦争に巻き込まれる。我々は平和を愛するものであり、この平和憲法を変えることなどあってはならない」と言います。

二つ目の改憲派は、それとは反対の思考であり、「この権力闘争が渦巻く国際社会において、9条で平和が守られると思ったら大間違いだ。戦後の日本はアメリカの核の傘に守られ戦争に巻き込まれなかっただけで、9条があるから平和だったというのは笑止千万。中国や北朝鮮やロシアが攻めてきたらどうするのだ。お花畑平和論では日本は滅びる」という主張。

そして三つ目は、大多数の日本人の「難しいことはよく分からないが、とにかく戦争になって死ぬのはいやだから、ちゃんとやってほしい。憲法を変えても変えなくても、とにかく戦争はいやだから」というところでしょう。

私自身は、基本的に「9条」をはじめ、いくつかの条文を変えるべきだと思っています。9条とは、いわゆる「平和主義」を謳《うた》った条項です。国政でも、特に自民党は9条を変える立場を取っています。かといって私は、今、自民党が草案として出している改正案に諸手《もろて》を挙げて賛成しているわけではありません。そこには、かなり疑問を感じる部分もあります。

しかし、とにかく岸田文雄総理（自民党総裁）には、政権の責任者として、2024年に憲法改正の発議をすることを約束してほしいと願っています。実際の憲法改正手続きにおいては、内閣は直接それを遂行実施するものではありませんが、少なくとも憲法改正の旗を掲げて総選挙を戦った以上、岸田総理には、それを強力に推進する義務があるでしょう。

岸田総理は、2023年2月26日の自民党大会で、「時代は憲法の早期改正を求めている」と述べ、改憲への強い意欲を示しました。その意欲の実現に期待したいと思います。

国民投票の結果、現在の「9条」が改正されることもあるでしょう。反対に、国民の過半数が9条を護ることに賛成し、護憲派が勝利する可能性もあります。どちらになっても、それは国民の意思の表明ということになります。大切なことは結果ではなく、複雑怪奇な国際政治という荒波のなかで、私たち日本国民が思考停止に陥《おちい》らず、自分たちの未来を真剣に考え、自分たちの意思で直接判断することなのです。

「憲法9条は変えたほうがよいですか。変えないほうがよいですか」と聞くと、「変えるほうがよい」「変えなくてよい」「分からない」のいずれかの答えが返ってきます。しかし「憲法9条を読んだことがありますか」と聞くと、きちんと読んだことがある人は「10人に1人程度」です。この数字は、いつも私が行っている政治とは関係がない講演会などで質問した時の返答から導き出したものですが、多分これが一般的な日本人の実情でしょう。よほど政治好きな人でもない限り、憲法など私たちの日常生活ではほとんど意識されません。

その意味では、護憲派も改憲派も、あまり中身を検討せず、お互いに「あなたたちは間違っている」と批判合戦をしているだけともいえるのではないでしょうか。

私は、「9条改正」に対して、当然自分自身の考えを持っていますが、まずは物事を考える基礎として、憲法に関する情報を、国民のみなさんにできる限り正確に伝えたいと思います。

ただ情報というものは、純粋でも客観的でもありません。したがって本書に書かれていることも鵜呑《うの》みにはしないでいただきたいと思います。しかし、もし本書によって、憲法と日本の未来に関して興味を持たれたら、あとはご自身で研究し、自分の考えを深めていってもらえたら嬉しい限りです。

また、本書で提唱している「**憲法改正のための国民投票の実施**」に対して賛同していただけるならば、ぜひ一緒に、その実現のために行動してほしいと願います。これは「改憲派」はもとより、「護憲派」に対してもそうです。戦後よく日本国憲法に投げかけられてきた「この憲法はＧＨＱ（連合国軍最高司令官総司令部）により、アメリカから押し付けられたものである」という批判に対する意思表明のためにも、護憲派のみなさんには、この国民投票運動に参加していただきたいと思っています。

さらに思うことは、憲法改正の国民投票が行われたのち、その雌雄が決せられた時、どんな結果になったとしても、そこでノーサイドです。その結果を受け、オールジャパンでともにスクラムを組み、日本をより良き国にしていくことが肝要だと思います。「国民投票」は、決して国民を分断するためのものではありません。自分の考えと異なる結果が出たとしても、多数決の結果を尊重し、それを受け入れるのが誠意ある国民のとるべき態度だといえるでしょう。

かつて福沢諭吉翁は「立国は私《わたくし》なり公《おおやけ》に非《あらざ》るなり」と語りました。「国を立てていくのは組織ではなく、あなた個人なのだ」と翁は言います。我々一人ひとりの力は微力ではあっても無力ではありません。

未来予測に対する数字だけを眺めてみると、人口の減少や経済の衰退、あるいは災害などによって、２０４０年頃には日本はかなり厳しい状況になっているようにも思えます。しかし、そのような悲観論からは何も生まれてきません。私は、どんな時にも未来への希望を持つことが、時代の扉を開いていくと確信しています。

この活動がどのような結果になるのかは分かりませんが、とにかく一歩を踏み出すことに意義があると思っています。しばしのお付き合いを賜れば幸いです。

小田全宏

私たちの未来を変える憲法改正　目次

第一章　日本国憲法はどのように成立したのか

『日本国憲法』成立への道のり　25

第二章

憲法改正の手続きと国民投票を考える

第三章　「9条改正」と「緊急事態条項の導入」を考える

日本人の危機意識の高まり　94

第四章 憲法改正における9条以外の7つの論点

第五章

2024年に「憲法改正の国民投票」が実現するまでのロードマップとは

補章1　未来に伝えたい「8つのジャパン・スピリット」

補章2

『日本国憲法』全文

装幀　印牧真和

第一章

日本国憲法はどのように成立したのか

そもそも憲法とは何か

憲法が、「国家の柱」としての法律であることは間違いありません。では憲法とは、その他の普通の法律とどのように違うのでしょうか？

憲法学者は「一般の法律は国民の行動を規定するものだが、憲法は『国家権力』を縛るものである」といいます。

本当のところはどうなのか、まずは憲法の歴史を振り返りながら、考察していきましょう。

最古の憲法『マグナ・カルタ（大憲章）』

憲法の原点は1215年、イングランド国王のジョンに対して、貴族たちが「王様だからといって勝手に税金を取るな。不当に逮捕するな。財産を没収するな」と訴え、強制的に承認させた『マグナ・カルタ（大憲章）』にあるといわれています。当時「ブーヴィーヌの戦い」でフランスに負けたジョン王は、国民に対して大増税をし、さらなる徴兵制度を実施しようとしました。しかし貴族たちが「そんなことは許せない」と団結し、ジョン王に突きつけたのが『マグナ・カルタ（大憲章）』です。これをもって、「**人の支配**」から「**法の支配**」への明確な移行が行われたといわれています。

『マグナ・カルタ』の思想は、17世紀の絶対王政の時代に『権利の章典』（1689年）という形で甦ります。ここでは国王の権限は認めつつも「議会での法律の制定、執行停止権の確認、議会選挙権の保障、国民の請願権」などが規定されていました。

確かに、これをもって憲法というのならば、「国民が権力者の権限を規定し、暴走を監視するものである」ということも頷《うなず》けます。

しかし私は、憲法の定義が「国家権力を縛るものである」という考え方に対して、かなりの違和感を持っています。もし国家権力を縛るものが憲法だと定義されるなら、国民として「こんな国を創っていきたい」という理想を掲げることも、憲法から排除されかねないからです。

日本における最初の憲法『十七条の憲法』

日本において「憲法」は、歴史上3回しか登場していません。1回目が聖徳太子（厩戸皇《うまやどの》子）が作ったといわれる『十七条の憲法』（604年）です。

『十七条の憲法』というと「和をもって貴しとなし、争うことなきを旨とせよ」という第1

条から始まることは、多くの国民が知っているでしょう。『十七条の憲法』全文を仔細に眺めてみると、「お前たち、人民をいじめたらだめだぞ」「真面目にやれよ」「みんなでよく話し合って決めろよ」という、聖徳太子が役人たちに対して発した「リーダー心得帳」のようなものであることが分かります。

つまり、これは聖徳太子という傑出した天才政治家が、自分の部下たちに教えを垂れたものであり、人民が時の権力者に突きつけたものではないのです。その意味では欧米流の近代的な憲法とはいえません。

明治維新の時、『五箇条《ごかじょう》の御誓文《ごせいもん》』によって国家の方針が国民に示されましたが、その理念の根底には『十七条の憲法』の思想が色濃く流れていました。しかしこれも「憲法」ではありません。

天皇陛下から与えられた『大日本帝国憲法』

わが国で国家の基本法という意味での憲法が登場したのが、1889(明治22)年2月11日に発布された『大日本帝国憲法』です。なぜ国家の最高法規として「憲法」という名前がつけられたのかというと、1873(明治6)年、法学者であった箕作麟祥《みつくりりんしょう》が、自らの翻訳書『仏蘭西《フランス》法律書』の中で、constitution の訳語を「憲法」としたからです。

『大日本帝国憲法』は「欽定《きんてい》憲法」といって、天皇陛下が自らの国家理念をもとに制定し、これを臣民に賜ったというものです。『大日本帝国憲法』の制定に関しては、「憲法制定運動は国民のなかから湧き上がってできたものだ」という人もいます。確かに植木枝盛《うえきえもり》の「日本《にほん》国国憲按《こくこっけんあん》」など、民間人によって私擬《しぎ》憲法が作成された事例はあります。しかし最終的に作られた『大日本帝国憲法』は天皇から与えられたものであり、国民が自らの意思によって、権力者の権力を監視制限するために作られたものではありません。

箕作麟祥

植木枝盛

ＧＨＱ主導による『日本国憲法』

そして三つ目の憲法が、第二次世界大戦後、ＧＨＱ（連合国軍最高司令官総司令部）主導のもとに制定された『日本国憲法』です。これも『大日本帝国憲法』同様、日本国民自身が権力者の権力をコントロールするという目的で制定されたものではなく、敗戦後、日本の国家権力よりもさらに巨大な力であるアメリカの主導によって制定されたものです。これらの歴史的事実から見ても、日本における憲法の成立は、イギリスやフランスで勃興《ぼっこう》してきた憲法制定への国民的運動とは全く異質なものであったことは明白でしょう。

『日本国憲法』成立の過程は項を改めてお伝えしますが、事の善悪は抜きにして、これらの憲法の制定に際し、日本国民の意思が明確に問われたことはただの一度もありませんでした。

その意味では『日本国憲法』は、国民が権力を縛る目的で作ったものでもなければ、自分たちの理想を掲げたものでもなかったのは明らかです。

私は、憲法には「国家の高邁《こうまい》な理想と国家権力の源泉を明確にする」という根本的な目的があり、その上で「権力の暴走を抑止する」という役割が付与されていると考えることが本当なのだろうと思っています。そして当然、憲法は、変えてはいけない不変のものではなく、時代に合わせて書き変えられていくべきものです。

かつて「経営の神様」といわれた松下幸之助翁は「憲法には人類共通の普遍性と国民性と時代性という三つの要素が入っていなければならない」といった意味のことを主張していましたが、まさにその通りだと思います。基本的人権などは普遍的なものですが、日本の憲法に日本の歴史に根ざした国の運営方針や国家理念が記されるのは当然のことでしょう。

そのことを確認した上で、現行の『日本国憲法』がどのように成立したのか、その歴史的経緯をお伝えしたいと思います。

『日本国憲法』成立への道のり

『日本国憲法』は終戦の翌年の１９４６（昭和21）年11月３日に公布され、１９４７（昭和22）年５月３日に施行されました。このため５月３日が憲法記念日とされていることは、みなさんご存じだと思います。

本項では『日本国憲法』がどのようにして成立したのかをお伝えしますが、本来ならば、憲法成立と密接に関わりあっている太平洋戦争について、「なぜ日本は戦争に突入したのか」という、そもそも論から始めなくてはなりません。しかし、ここでは戦争の原因論は割愛し、日本が終戦を迎える段階から戦後の憲法制定までの流れを見ていきたいと思います。

ポツダム宣言から終戦へ

日本が各地の戦線で敗北、東京大空襲、大阪大空襲、沖縄戦と続き、いよいよ敗戦が濃厚になってきた時に開催されたのが、ドイツでの「**ポツダム会談**」です。会談が開かれたの

ヤルタ会談にのぞむチャーチル(左)、ルーズベルト(中)、スターリン(右)

は、1945(昭和20)年7月17日～8月2日ですが、この時ドイツはすでに降伏していました。この会談で顔を合わせたのは**イギリス首相のウィンストン・チャーチル、アメリカ大統領のハリー・トルーマン**、そして**ソ連書記長のヨシフ・スターリン**です。ここで、ドイツの戦後処理や日本の降伏条件について話し合われました。この協議をもとに、7月26日に発せられた『ポツダム宣言』に対して、日本はその対応方針を決定できず、結果的に拒否する形になってしまいました。この時『ポツダム宣言』に署名したのは、アメリカとイギリス、中国の各首脳です。ソ連は日本と「中立条約」を結んでいたため、署名に参加していません。

『ポツダム宣言』が出された当時、ソ連が戦後の日本の占領統治において権利を主張できない可能性を危惧し、スターリンは一刻も早く参戦して、日本領土を実効支配しなければと焦っていました。しかし実は、スターリンはトルーマンの前任であるフランクリン・ルーズベルト、およびイギリスのチャーチル首相と同年2月の「ヤルタ会談」において、ソ連の参戦を了解する密約を交わしていました。そうした背景を知らない日本は、この『ポツダム宣言』を「無条件降伏など呑めぬ。なんとしても陛下をお守りし国体を護持しなければならない」と突っぱねたのです。その結果、8月6日、広島に原爆が投下されました。

さらに8月8日、ソ連が「日ソ不可侵条約」を破棄し、翌9日に日本に侵攻しました。同じく8月9日には長崎にも原爆が投下され、ついに日本も「もはやこれまで」と、8月14日に『ポツダム宣言』を受諾するに至ったのです。

重光葵

8月15日、天皇陛下はラジオ放送（玉音放送）を通じて、国民に敗戦を告げました。日本が正式に降伏文書に調印したのは9月2日のことです。東京湾に寄港していたミズーリ号の甲板上で、ダグラス・マッカーサーらが見守るなか、**重光《しげみつ》葵《まもる》**外相と、梅津《うめづ》美治郎《よしじろう》参謀総長によって署名されています。

戦後日本の進んだ道

さて、これから終戦後に憲法がどのように制定されていったのかをお伝えいたします。アメリカは日本を無力化するために、天皇を中心とした国家神道を廃止する「神道指令」などによって、さまざまな思想解体を日本国民に強いるのと同時に、財閥を解体し、極東国際軍事裁判によって戦犯を処刑しました。多くの事象が絡み合い、本来は憲法制定過程だけを単独で取り上げることは難しいのですが、話が複雑になるので、憲法の制定のみに焦点をあてて論じていきたいと思います。

ダグラス・マッカーサー

幣原喜重郎

戦後の日本を統治したのは、**ダグラス・マッカーサー**率いるＧＨＱです。マッカーサーは１９４５（昭和20）年8月30日、コーンパイプを咥《くわ》えて厚木基地に降り立ちました。その傲然《ごうぜん》たる姿は、国民に強烈な印象を与えています。同年10月、マッカーサーは、さっそく**幣原《しではら》喜《き》重郎《じゅうろう》**内閣に対して、新しい憲法の制定を指示しました。

昭和天皇とマッカーサー

この命令に先立つ9月27日、マッカーサーは**昭和天皇**と初めて面会しています。GHQの本部は、皇居前に立つ第一生命ビルの中にありましたが、マッカーサーは来日当初、すぐに天皇に会おうとはしませんでした。「昭和天皇から面会を求めてくるまで待とう」と悠然と構えていたのです。果たせるかな、マッカーサーに対し、昭和天皇から面会願いが出されました。マッカーサーは、内心「どうせ命乞いに来るのだろう」と、高をくっていたといいます。

かつて第一次世界大戦終結時に、ドイツのウィルヘルム2世は「私には一切戦争責任はない。すべては部下が勝手にやったことだ」と言い放ち、戦争責任から逃れようとしました。マッカーサーはその現場に立ち会っていたので、昭和天皇も同列に見ていたのです。

9月27日、この日マッカーサーはGHQの本部で、カーキ色の普段着でソファーに腰掛け、昭和天皇が来るのを待っていました。そこに昭和天皇がモーニング姿で登場したのです。

マッカーサーと昭和天皇が並んだ姿の写真を見たことがある方も多いと思います。この写真を見た時に、直立不動の姿勢をした昭和天皇の横で、両腕を腰にあててリラックスしたマッカーサーの姿に、当時の日本国民はいやが上にも、日本が敗北したことを痛切に感じたのです。

マッカーサーは自身の『回顧録』の中で、その時の昭和天皇の印象を次のように述べています。

緊張で指先が震えている小柄な天皇の姿を見て、マッカーサーは「なんだ、震えているのか。こんな小心な男のせいで、多くの人が死に至り、世界が大混乱したと思うと体の血が逆流するのを感じた」。

しかし、その後、昭和天皇の口から出てきた言葉にマッカーサーは驚愕します。

「マッカーサー元帥。このたびの戦争はすべて私天皇の名で行われたものです。すべての戦争の責任は私にあります。私以外ただの一人も戦犯はおりません。なにとぞ私を絞首刑にしていただきたい。

面会する昭和天皇とマッカーサー

しかし今、8000万の日本国民は食べ物もなく住む家もなく、塗炭《とたん》の苦しみに喘《あえ》いでおります。なにとぞマッカーサー元帥、私はいかようにもしていただいて構いませんから、元帥の御心《みこころ》で日本国民をお救いいただきたい」と、深々と頭をさげたのです。

マッカーサーは「その時、私の心は感動で打ち震えた。私は天皇こそが日本で最高のジェントルマンだと思った」と書き記しています。そして天皇に向かって、「陛下、必ずや日本国民は私がお守りいたします」と誓い、会談を終えると天皇を玄関口まで案内し、最敬礼で見送ったといいます。

その後も、連合国側からは「天皇を処刑せよ」という声が何度もあがりましたが、マッカーサーは、その都度「戦争遂行にあたり、天皇の言行をつぶさに検証したが、あくまでも天皇は戦争遂行にあたって常に受動的な決定をしたままでであり、戦犯として処罰することはできない。また、もし天皇を処刑すると、日本国は崩壊すると同時に、その治安を保持するためには100万の軍隊を要するものと思われる」と主張し、終始、天皇を守ることを最優先にしていたのです。

このマッカーサーと天皇との面会は、その後の日本占領政策や憲法制定に際し、深い関わりを持っていったといえるでしょう。

「憲法問題調査委員会」の設置

話を日本国憲法の成立に戻しましょう。マッカーサーと天皇が会談をしてから半月後の10月11日、マッカーサーは首相の幣原喜重郎に憲法改正を示唆しました。この時にGHQが意図していたのは、日本の「**非軍事化**」と「**民主化**」にほかなりません。マッカーサーとしては、「こちらの意図をちゃんと汲んで、憲法草案を作りなさい」というところだったのでしょう。

その後「憲法問題調査委員会」が設置され、法学者の**松本烝治**《まつもとじょうじ》が委員長に任命されました。そのため、この委員会は通称「松本委員会」とも呼ばれます。

憲法改正にあたって、松本烝治は4つの原則を念頭においていました。

第一　天皇の統治権総覧の堅持
第二　議会の議決権の拡充
第三　国務大臣の議会に対する責任の明確化
第四　人民の自由・権利の保障の拡大

松本は、とりわけ天皇制を保持することに全身全霊を傾けていました。

民間からの憲法草案要綱提示

実はこの頃、いくつかの民間グループから憲法改正案が提示されています。そのうちＧＨＱの注目を引き、マッカーサー草案にも影響を与えたといわれるのが、憲法研究会によって作成された『憲法草案要綱』です。

この憲法草案は、社会運動家の**高野岩三郎**《たかのいわさぶろう》らが提案し、「主権在民思想」を基本にしています。高野は当時74歳。東京大学出身、かなりの左派系の学者で、弟子のなかにも数々のマルクス経済学者を生み出しました。労働運動に邁進し、１９２８（昭和３）年に「日本大衆党」が結成されると委員長になっています。

思想はかなり過激で、この時に出された『憲法草案要綱』とは別に、個人的に天皇制廃止を明確に打ち出した『日本共和国憲法私案要綱』も提出しています。高野はＧＨＱによる厳しい思想統制・検閲に協力した日本人グループのリーダーであり、１９４６（昭和21）年にはＮＨＫの第５代会長にも就任しました。よく「ＮＨＫは左傾化している」などといわれますが、それは戦後から一貫した組織的遺伝子ゆえなのかもしれません。高野は１９４８（昭和23）年には「日本社会党」の顧問にも就任しています。

マッカーサー草案作成に運営委員としてかかわった、**ＧＨＱ民政局**メンバーであるマイロ・ラウエルは、憲法研究会による『憲法草案要綱』について、「これは国民主権が謳われており、男女平等、基本的人権などが盛り込まれていて、とてもいいのではないか」と高く評価していました。

「対日理事会」と「極東委員会」

1946（昭和21）年1月24日、マッカーサーと会談した幣原は、「天皇陛下をなにとぞよろしくお願いします」と懇願します。この2人の会談の模様は、幣原の友人として立ち会った枢密院顧問の大平駒槌《おおだいらこまつち》の娘が詳細に記録しており、幣原の天皇制維持に対する申し出に対して、マッカーサーは「天皇の力はすごい、協力する」と明言しています。

この時に注目すべきポイントは、幣原自身が、「**先の大戦では、日本は世界から信用を失ってしまった。だから我々は戦争の放棄を世界に声明しなければならない**」と、まさに憲法9条の趣旨を語っていることです。

さて、日本は当時GHQによって統治されており、そのGHQが常に状況を報告しなければならなかった相手が、東京に本部が置かれていた「**対日理事会**」です。この組織を構成しているのはアメリカ・イギリス・ソ連・中国でしたが、実はその「対日理事会」のさらに上位組織として、2月下旬にもう一つ「**極東委員会**」が設置されることが決定していました。

この「極東委員会」は、戦勝国11カ国で構成されていましたが、マッカーサーは自分の上位機関である「対日理事会」とそのお目付役である「極東委員会」の設置を非常に不満に思っていました。「極東委員会」のなかには天皇の存在に反対の国もあり、マッカーサーは「極東委員会」が発足する前に日本国憲法案を作成しておきたかったのです。

マッカーサーは、松本が早く憲法草案を持ってくることを待ち望んでいましたが、マッカーサーが松本案を目にするのは2月1日、なんと毎日新聞のスクープ記事によってでした。松本も幣原も、直接マッカーサーに見せるつもりだったものを、毎日新聞がすっぱ抜いたのです。マッカーサーも、その草案を松本が自分に直接提出しに来るはずだと思っていたであろうことは想像に難くありません。その内容を新聞報道で知ったことも不愉快であったでしょうし、またあまりにも自分の考えと違う草案に、ひどく嘆き落胆もしました。

確かにマッカーサーは天皇を存続させることについては合意していました。しかし、天皇の行為制限が明記されず、『明治憲法』（『大日本帝国憲法』）と基本的には同じ天皇の地位・権能が記されている憲法草案に、マッカーサーが激怒したのも頷けます。

マッカーサー・ノート

スクープから3日後の2月4日、マッカーサーは、急遽、GHQ民政局の20名あまりのメンバーを集め、「日本国憲法作成」を極秘任務として与えました。

その責任者である民政局長は、**コートニー・ホイットニー**准将でした。メンバーたちは急な命令に驚きましたが、さっそく憲法草案の作成にとりかかりました。メンバーの中には法曹関係者もいましたが、憲法の専門家は一人もおらず、彼らはアメリカ合衆国憲法や、先述した日本の民間の憲法草案などを参考にしながら突貫工事で作成したのです。

憲法草案の大方針については、マッカーサーはすでに決めていました。その骨子は「マッカーサー・ノート」（憲法に盛り込むべき3原則を記したマッカーサー自身によるメモ）に残されています。

マッカーサーとコートニー・ホイットニー（右）

まず天皇については、「国家のトップ（the head of the state）」と規定されていました。そして戦争の放棄については、「他国への侵略はもとより、自衛のための戦争もしない」ことが明記されていました。

これに対して、憲法草案策定のメンバーは「さすがに自衛のための防衛力は必要だろう」と修正し、天皇について「国民統合の象徴（シンボル）」という規定を提出しています。

それぞれの委員が、各章担当の責任者になって作業が進められたなか、女性の権利や家族条項を担当したのが**ベアテ・ゴードン**です。この時ベアテは22歳でしたが、幼い頃から日本に住んでいたために、女性が家庭に縛り付けられていたり、自分の意思とは無関係に結婚が決められていたりと苦しんでいる状況を目の当たりにしていました。そこで男女平等や「結婚は両性の合意のみに基づく」という規定を作成したのです。

ベアテ・ゴードン

戦後の混乱期であり切迫期であったこともあるでしょうが、22歳の女性が日本の憲法に対して重要な役割を担っていたというのは不思議な感覚もします。

そして約2週間後の2月20日、憲法のGHQ草案ができあがります。翌日、ホイットニーは、日本国側の憲法作成に中心的に関わった国務大臣の松本烝治と外務大臣の**吉田茂**《よしだしげる》に対し、「あなたたちが作った憲法は全くだめだ。『大日本帝国憲法』と全く変わらないではないか。このGHQ草案を承諾しなさい」と強い口調で詰め寄ったといいます。

「もしこの憲法を呑めず、あくまでも自分達の憲法でいくというのならば、それを『極東委員会』が否決した時は、天皇がどうなるか我々も分からない。マッカーサー元帥は『あなたたちが我々の案を否定するなら、両憲法草案を国民投票にかける』とおっしゃっている。このGHQ草案を呑めば、天皇を守ることは約束する」と。

松本と吉田は、このGHQ草案が自分たちの草案とあまりにも違うので困惑しましたが、返答の期限を2週間と切られ、逆らうことはできませんでした。必死に修正を加え、GHQの度重なる催促のなか、3月4日、日本の修正案を提出しました。このなかで、日本は当初GHQ案では議会が一院制となっていたのを、衆議院と参議院の二院制にしてほしいと主張し、実現させました。また、松本・吉田が承服しかねたGHQ案28条の、「日本の土地及び一切の天然資源はすべて国有である」という、まさに共産主義ともいえる文言についても、取り下げる承諾を得ました。しかし、とにかく日本としては天皇を守ることが第一で、それ以外について十分に検討を深める暇《いとま》はありませんでした。

吉田茂

ＧＨＱは新憲法草案を「極東委員会」に提出しました。その時に矢面《やおもて》に立ったのがアメリカ代表のフランク・マッコイです。

ＧＨＱによって勝手に作られた草案であるという意識があったためか、「極東委員会」からは、さまざまな反対意見が出てきました。オーストラリアの代表は「憲法策定の手続きが不透明だ。もっと民主的にやるべきではないのか」と声を張り上げ、「この憲法では『主権在民』が明確になっていない」との批判の声もあがりました。主権とは英語で「sovereignty」といい、これを日本語で「至高」と訳していたために、「至高では意味が分からない。主権とせよ」となったのです。

「憲法改正小委員会」による議論

この「極東委員会」での意見はすぐさま日本側に伝えられましたが、当時の策定責任者であった**金森徳次郎**《かなもりとくじろう》は、「今まで検討に検討を重ね、みんなで『これでいい』と念を押して決めたのに、それを覆すのは難しい」と反論しました。それに対し、草案作成の実務的責任者であった民政局のチャールズ・ケーディスが、「修正案を呑めなければ、ソ連から何を言われるか分からない」と詰め寄り、金森は了承せざるをえませんでした。

日本側は、「極東委員会」の指示を受けた形で、6月28日に**芦田均**《あしだひとし》を委員長とし、14人で構成される「憲法改正小委員会」が作られ、さまざまな議論がなされました。

戦後50年経った1995（平成7）年に、この時の小委員会による議論の記録が公開されました。これを見ると日本側もいろいろ積極的に修正をしていることが分かります。

特に注目すべきは25条の「**生存権**」や26条第2項の「**教育の権利**」などです。

金森徳次郎

芦田均

『日本国憲法』の25条には、「すべて国民は、健康で文化的な最低限度の生活を営む権利を有する」と書かれています。生存権など、ことさらにいうことではなく「当たり前」にも思えますが、ここでは議論がありました。芦田委員長は「憲法でも幸福追求権があるし、あとは法律で実現できるのではないか」と、反対意見を述べています。しかしこの生存権の提案者である社会党の**森戸辰《もりとたつ》男《お》**は「いや、幸福追求といってもそれを実現できない人もいるのだ。この『健康で文化的な最低限度の生活の保障』は、国の責任においてするべきなのだ」と強く主張し、その提案が採用されたのです。

この生存権の条項は、当時としては画期的でした。

また26条2項には「すべて国民は、法律の定めるところにより、その保護する子女に普通教育を受けさせる義務を負ふ。義務教育は、これを無償とする」と書かれています。このどこが議論の焦点になったのか不思議に思いますが、ポイントは「普通教育」という点です。それまでは初等教育という表現が使われ、小学校までを義務教育としていたものを、中学校にまで拡張したのです。この憲法の条文には、中学校の現場教師による働きかけも大いに影響していました。

そして最大のポイントが、まさに「9条」です。憲法9条問題については第三章で詳細に述べたいと思いますが、文言の修正の際に、「戦力を保持してはならない」というものを「いやもっと積極的に『戦力を保持しない』という主体性のある言葉にしよう」といった意見があり、そのように修正されていきました。また、ここで芦田修正なるものが施され、「他国を侵略する戦力は持たないが、自衛のための戦争は許される」という解釈もできるような文言になったのです。もちろん、こう修正することで、解釈に疑問符がつけられる可能性があることも、当初から危惧されていました。

最終修正案を「極東委員会」に提出

やがて日本からの最終修正案が「極東委員会」に提出されましたが、やはり各国から反対意見が出ました。なかでも強硬だったのは、中国とオーストラリアだったといいます。中国は「日本の過去の経緯からしても、自衛という名のもとで戦争をしかねない」という論理を展開しました。オーストラリアも「日本が陸海空軍を持ち、軍人が大臣になって政治の現場を蹂躙《じゅうりん》することになれば、また大変な災厄が世界に撒き散らされる」と主張しました。そしてソ連は、「すべての閣僚は軍人ではなく文民（civilian）でなければならない」と強く訴えたのです。

それらを受け、GHQのホイットニーは、吉田茂に対して、「閣僚はすべて文民でなければならない」という「文民条項」の挿入を強く要求しました。それを吉田は受け入れ、貴族院での審議により、現行の「内閣総理大臣その他の国務大臣は、文民でなければならない（66条2項）」の条文が加えられたのです。その背景には芦田修正により「日本は自衛のためであれば戦力（軍隊）の保持が当然に認められる」との共通認識が、「極東委員会」にもあったことが考えられます。

しかし、ここに9条解釈の混迷の原因があるのです。もし芦田の意図がそれ以降も正しく理解されていれば、多くの憲法学者が言うような「自衛隊違憲論」は出てくるはずもなかったからです。

なお、この文民条項の導入については、衆議院では全く議論されずに決定されました。ここでも日本国憲法成立経緯の異常さが露呈しています。

そして９月29日、極東委員会は、文民条項の挿入を条件に、この新日本国憲法の草案を承認しました。

天皇の名のもとで『日本国憲法』公布

１９４６（昭和21）年11月３日、『日本国憲法』は天皇の名のもとで公布され、１９４７（昭和22）年５月３日に施行されました。

終戦から憲法制定まで、どのような経緯をたどっていたとしても、戦争の悲惨さに倦《う》み疲れていた日本国民は、「**国民主権**」「**基本的人権**」「**平和主義**」を高らかに謳った新憲法を歓喜の声をもって迎えたのです。

ここまで、『日本国憲法』の成立過程について述べてきました。これらの経緯を見ると、確かにＧＨＱが日本に対して押し付けたという見方をすることもできれば、日本人自らが、このような憲法のあり方を望んでいたと見ることもできるかもしれません。しかし憲法制定から78年、日本も変わり、世界も変わりました。当然、憲法も時代に合うように改正する必要が出てきています。

憲法改正といえば、やはり9条がその本丸です。

日本を取り巻く状況は、終戦直後とは明らかに異なってきており、第二次世界大戦で戦火を交えたアメリカとは同盟国となりましたが、その関係性も根本部分から変化してきています。

これからの日本が、このまま平和を享受し続けていけるのか、その焦点となるのが「憲法9条」です。無論、「改憲すること」そのものが最大の目標や目的であってはなりません。大切なのは、これからも日本の平和が保たれ、日本国民が幸福に生きていくためには、どのような「国家防衛理念」を掲げていくかを考えることなのです。

第二章

憲法改正の手続きと国民投票を考える

改正されない世界最古の憲法

戦後、GHQ主導によって作られた『日本国憲法』は、今日まで全く改正されていない世界最古の憲法になってしまいました。前章で見た通り、『日本国憲法』が公布されたのは1946（昭和21）年の11月3日であり、これは世界で14番目に古い憲法です。ところが、制定以降一回も改正されていない憲法となると、圧倒的に日本が古くなります。『日本国憲法』が制定される前に成立した13の国の憲法は、成立自体は古くても、かなり頻繁に改正されています。

なぜそうなってしまったのか。その理由は『日本国憲法』の改正のハードルがあまりにも高いことが原因であるといわれています。果たして真実はどうなのでしょうか。

日本における憲法改正手続き

『日本国憲法』ができた時に憲法担当の国務大臣であった金森徳次郎は、憲法改正について「ひとり憲法の安定性を確保する目的ばかりではなく、元来、憲法は国民の定むるところであり、国会みずからの定むるものではないという精神（『憲法遺言』）」と語っています。つまり、憲法は国会が定める法律とは異なり、主権を有する国民の意思の重要性を強調したものであると考えられます。

ではここで、『日本国憲法』に定められる憲法改正条項を記してみたいと思います。

96条は次のように規定しています。

第96条　この憲法の改正は、各議院の総議員の三分の二以上の賛成で、国会が、これを発議し、国民に提案してその承認を経なければならない。この承認には、特別の国民投票又は国会の定める選挙の際行はれる投票において、その過半数の賛成を必要とする。

②　憲法改正について前項の承認を経たときは、天皇は、国民の名で、この憲法と一体を成すものとして、直ちにこれを公布する。

衆議院の総議員の3分の2以上の賛成とは、465名中310名以上、参議院では248人中166名以上ということです。改正案が両院で可決された後、国民投票が実施され、有効得票総数の過半数の賛成で憲法改正が成立します。2023年9月現在、与党自民党をはじめとした改憲派は両院で3分の2を超えていますから、その実現は可能な状況にあります。

かつて安倍晋三政権の時に、与党が「憲法9条の改正は難しいから、憲法改正条項を変えてしまおう」と考えたことがあります。さすがにこれに対してはかなりの批判が起こり、今はこの議論はされていません。

憲法改正のための要件を緩和すること自体は決して間違いではありませんが、「自分の思いが通らない時には、ルールを変えよう」というのは、無理筋でしょう。

各国の憲法改正の歴史とその仕組み

では、世界では憲法改正に関して、どのようなルールを設けているのか、主要国であるアメリカ、フランス、ドイツ、イタリア、中国、韓国の例を見てみましょう。

さらに、オーストラリアやデンマーク、そして直接民主主義の牙城であるスイスの憲法改正法についても見ていきます。

イギリスは、いわゆる成文憲法を持たないので割愛します。

■アメリカ

アメリカ憲法は1788年に成立し、以降18回改正されています。

改正要件としては、下院・上院両連邦議会のそれぞれの議員の3分の2以上の賛成で発議され、さらにすべての州の4分の3以上の州議会が賛成して成立します。3分の2という数値はわが国の改正手続きと同じようですが、「定足数（総議員の過半数）の3分の2」ですから、日本よりもはるかに容易だといえます。また、アメリカは合衆国ですから、国民投票ではなく、州ごとの賛成が必要だというのもよく分かります。アメリカの憲法改正には国民投票もありません。

戦後に行われた6回の改正のうち、4回はアメリカ政治の統治機構に関することであり、あとの2回は選挙権に関わることです。たとえば1951年には、「アメリカ大統領の3選禁止」、1971年には「選挙権年齢の18歳への引き下げ」が成立しています。

■フランス

フランスでは戦後、1946年10月に憲法が制定されています。これを『第四共和国憲法』といいます。この憲法は1954年に一度改正されたあと、1958年10月に全面改正されています。そのため、この1958年に制定された憲法は『第五共和国憲法』と呼ばれています。この時の改正では国民投票が実施され、承認されました。

『第五共和国憲法』は、その後現在までに24回改正され、2008年の改正では、50以上もの条項が変更されています。この時の改正では、「大統領中心主義から国会への権能移譲」

が焦点となりました。EU（欧州連合）との条約を批准するために、主権の一部が移譲できるといった改正も行われています。

フランスでは、憲法改正に対して三つの方法がとられています。

第一は、政府が憲法改正案を提案したあと、憲法改正について特別に作られる「両院合同会議」で5分の3以上の賛成で成立するという方法。第二は、大統領が改正案を国民に提示し、それを国民投票にかけ過半数の賛成で成立するという方法。第三は、議会両院の過半数で可決された憲法改正案を国民投票にかけ、過半数の賛成で成立するという方法です。

最後の方法は、自民党が憲法改正条項を変えようとした案とほぼ同じですが、フランスではこのように憲法改正に対して、さまざまな角度からのアプローチがなされています。

■ドイツ

戦後、日本と同じ敗戦国となったドイツが、憲法改正に関してどんな道のりを歩んできたのかは、興味深いものがあります。

戦後ドイツは、西ドイツと東ドイツに分裂しました。西ドイツでは、1949年に憲法にあたる『ドイツ連邦共和国基本法』が制定されています。憲法ではなく「基本法」という表現は、将来、東ドイツと併合し、統一ドイツとなった時に「憲法」の用語を使用することを前提としていたことによります。1990年10月、西ドイツが東ドイツを吸収する形で「ドイツ連邦共和国」が成立しましたが、名称は従来の「基本法」のままになっています。

この基本法は、ドイツが東西に分かれていた時代、西ドイツで35回改正されています。改正時には、1条だけ改正することもあれば、同時にいくつもの条文を改正することもありました。

なかでも注目されるのが、1954年と1956年に行われた再軍備のための改正、そして1968年に行われた緊急事態条項の追加改正です。ドイツと日本は敗戦という状況は同じでしたが、今後、日本で憲法改正論議が起こるであろう9条と緊急事態条項に相当する条文について、ドイツは早々に改正してしまっているのです。

そして、ベルリンの壁の崩壊にともなう東西ドイツ統一後は、新たな憲法は制定されず、基本法第23条によって「旧東ドイツの5つの州の西ドイツへの加入」という形で進んでいきました。ドイツ統一後の基本法は、それまでの西ドイツの基本法を踏襲しています。『ドイツ連邦共和国基本法』は、西ドイツ時代から合わせて、これまで68回（2023年2月現在）改正されています。ほぼ一年に一回改正されている勘定です。

ドイツも日本と同じく、第二次世界大戦敗戦後には、勝利した連合国によって戦争犯罪を厳しく裁かれました。これをニュルンベルク裁判といいます。さらに東西に分断される事態となり、『ドイツ連邦共和国基本法』ができた時にも、戦勝国側によって、ヒトラーの惨劇が二度と起こらないよう軍隊は解体されました。

しかし朝鮮戦争が起こった時に、東ドイツが西ドイツに襲いかかってくるのではないかと懸念したコンラート・アデナウアー首相がＮＡＴＯ（北大西洋条約機構）諸国と掛け合ったことで、１９５５年に「ドイツ連邦軍」が設立されています。

戦後から今日までにドイツは軍事的にも独立し、今やＥＵのなかでも中心的な役割を果たしています。それらを見ても、『日本国憲法』との違いに啞然とします。

憲法改正の方法は、下院議員の3分の2および上院の表決数の3分の2の賛成で成立し、国民投票はありません。その意味では、ドイツの憲法改正手続きは日本よりもハードルは低いといえましょう。

■イタリア

イタリアは、戦後、憲法が制定される前に、王政から共和政に移行する国民投票が１９４6年の6月に実施、共和制が採択され、国の政体が根本的に変わりました。そして、１９４7年12月に、新しく『イタリア共和国憲法』が制定されました。

イタリア憲法は２０２２年までに19回改正されています。内容は小さなものから大きなものまでさまざまです。

改正手続きは、憲法改正案を3カ月以上間をあけて連続して2回の審議を行い、議決します。2回目の議決の時に、絶対多数の議員が賛成すれば憲法改正が成立します。しかし、議員の5分の1以上、あるいは国民の50万人以上、または5つ以上の州からの要請があれば、国民投票にかけなければなりません。

２０１６年12月に実施された改正案は、「国と州との権限配分の改変」や「両院の役割の大規模変更」、さらには「立法手続きの見直し」など大きな変更を伴うものでした。その後この改正案は国民投票にかけられましたが否決されています。これにより、その責任をとってマッテオ・レンツィ首相が辞任しました。しかし実際のところ、この時の国民投票は憲法改正の中身よりも、レンツィ首相に対する信任が問われるという政治的意味合いが強く表面に出たものでした。

■中国

大国中国において、戦後初めて憲法が定められたのは１９５４年9月のことです。この憲法は、いわゆる『毛沢東《もうたくとう》憲法』といわれるもので、一度も改正されることなく、１９７５年に新しい憲法にとってかわられています。これは『四人組憲法』といわれ、わずか30条しかなく、プロレタリア独裁を全面に出し、反革命者を裏切り者として処罰するといった条項もあるようなものでした。

しかしこの憲法も、わずか3年後の1978年には、新しい憲法によって全面改正されています。新憲法では、特に農業分野、工業分野、国防および科学技術の4つの重要分野について「近代化」が画策されました。同時に、私たちもテレビでその光景をよく見る全国人民代表大会（全人代）が最高国家権力機関としての権限を持つことになります。

1978年憲法は、その後2回改正されています。1回目は地方制度改革を、そして2回目は言論の自由の制限について改正されました。

しかし、この憲法もまた、1982年には新しい憲法にかわります。1982年憲法では、毛沢東が主導した文化大革命の理念はすべて払拭され、国家主席の地位が再び復活しています。

その後憲法は、5回改正されていますが、面白いのは、その改正が、表面上、現実の中国の方向性とはかけ離れた「人権の尊重」や「市場経済」、あるいは「法治国家」という欧米風の理念を掲げていたことです。

そして2018年の全国人民代表大会では、国家主席の任期2期（10年）の規定が変更され、習近平《しゅうきんぺい》の独裁への道が開かれてしまいました。

習近平は、自由主義派を弾圧するために「反腐敗キャンペーン」を加速させ、反対派を次々と粛清しました。またインターネットなどの監視を強め、政府批判を厳しく取り締まりました。そして南シナ海での急速な軍事力の増強を行ったのです。

ウイグルなど少数民族の弾圧や、香港の強圧的法律改正、台湾への軍事的圧力など、習近平による独裁があからさまに見られる中国政治において憲法の条文に「人権の尊重」や「法治国家への転換」というお題目を掲げているのは、かなりシュールな光景です。

■韓国

韓国では、終戦から3年経った1948年7月に『第一共和国憲法』が公布されています。そこから現在までに9回改正されており、そのうち、何回か大きな改正が行われ、その都度、新しい憲法の名前がついています。

1960年に実施された3回目の改正は、「基本的人権の保障の強化」や「大統領制から議院内閣制への変更」などかなり大きな変更があり、この改正によって成立した憲法は『第二共和国憲法』と呼ばれています。

しかしこの憲法も、1962年の5回目の改正により、全く違う憲法になりました。なぜなら、この時に実施された憲法改正は、クーデターによって成立した軍事政権によって行われ、直接国民投票によって認証されたからです。

ここでは「憲法裁判所の廃止」や「大統領制の変更と一院制への変更」などが定められ、この改正により成立した新憲法は、別名『第三共和国憲法』と呼ばれました。

さらに、1969年に再び改正され、1972年には『第四共和国憲法』が制定されています。しかし、大統領が暗殺され軍事クーデターが起こるなどして、1980年には全面改定され、『第五共和国憲法』となりました。そして1987年には現憲法である『第六共和国憲法』が制定されています。この憲法では、「大統領の直接選挙制度の導入」「基本的人権の拡大拡充」などが盛り込まれました。

憲法改正は議会の在籍議員の3分の2以上の賛成の後、国民投票で成立します。日本とよく似ていますが、日本は二院制なので、日本のほうがハードルは高いといえます。

韓国の場合、民主化のプロセスや権力獲得闘争などが日本に比べて激しく、全く比較しようもありませんが、お隣の国で、これほどまで憲法が改正され、新しい憲法が何度も成立している様子を見ると、戦後、憲法に指一本触れていない我々とは全く違う憲法観を持っていることが分かります。

■オーストラリア

オーストラリアでは下院・上院の議員によって改正法案が提出でき、下院・上院の両方で過半数の賛成によって可決され、6カ月以内に国民投票が行われます。

面白いのは、国民投票の過半数といっても、それと合わせて、「全州の過半数（6州のうち4州）の賛成」が得られなければならないという要件がつけられていることです。過去には、国民の全得票としては過半数の賛成が得られていても、州ごとでは過半数の賛成が得られず、廃案になったものもいくつかあるようです。

■デンマーク

北欧の国、デンマークでは、国王及び議員から憲法の改正案を提出することができます。デンマークは一院制ですが、そこで過半数の賛成により可決となります。しかし、これで終わりではなく、同じ文言の憲法改正案を掲げて総選挙が行われた後に、再度議員の過半数が賛成すれば可決され、その後、国民投票にかけられることになります。デンマークの憲法改正で特徴的なのは、投票の過半数かつ有権者の40％以上の支持がなければ国民投票で可決されないことです。つまり、同じ改正案を議会で2回議決し、その後、国民投票を行うという方式です。

このように議会での2回の可決方式をとっている国は、ほかにフィンランドやスウェーデン、ノルウェーなどのスカンジナビア諸国、ベルギーに見られます。
デンマークの現行憲法は、1953年6月に国民によって承認された後、現在まで一度も改正されていません。その意味では『日本国憲法』に次ぐ無修正の長寿憲法です。

■スイス

スイスでは下院と上院の出席議員の過半数の賛成で憲法改正法案が可決されます。その後、国民投票が行われ、「有効投票総数の過半数の賛成」と「全州の過半数の賛成」によって承認されます。

スイスで特徴的なのは、国民が憲法改正を直接提案できることです。10万人以上の国民が憲法改正の署名をすれば、国民投票が実施され、有効投票の過半数で承認されます。その時は、連邦議会の選挙が実施されることになり、その選挙の後、新しい憲法草案が作られ、出席議員の過半数で可決されます。その改正法案が最後にまた国民投票にかけられ、「有効投票総数の過半数の賛成」及び「全州の過半数の賛成」によって承認されます。

これらを見てみると、スイスは他国に比べてはるかに、国民が自分の意思を示す直接民主制の理念に基づいたシステムであることがよく分かります。

ここまでさまざまな国の憲法改正条項を見てきましたが、やはり普通の法律が過半数で可決されるのに対し、憲法改正では「3分の2」や「5分の3」と、過半数以上の議員の賛成を要求している国が多いことが分かります。

また、議会が一度、改正法案を可決しても、再度、議会が解散され選挙が行われたあと、再び新議会で法案の審議がなされ、可決することを要求している国も結構あります。

憲法改正の承認手段として、国民投票を必要な手続きとしている国もあれば、国民投票をしない国もあります。

どちらにしても、世界各国の憲法改正条項を見ると、やはり日本の「二院それぞれで総議員の3分の2以上の賛成を要求し、その後国民投票にかける」という改正条項は、他国と比べ、ハードルが最も高いといえるでしょう。

したがって、自民党が主張するような「両院の過半数の賛成で憲法改正の発議をして国民投票にかける」といった憲法改正条項の変更案も、決して見当違いではありません。むしろ国民主権という立場を鑑みると、そうすべきだとも思われます。

ただ現時点においては、どんなに憲法改正条項に問題があったとしても、現行の条件のもとで憲法改正に取り組まなくてはならないことは間違いありません。

「国民投票」とは何か

日本では2023年現在、総選挙が実施され政権交代が起こるような事態がなければ、与党をはじめとする改憲勢力は、議員総数の3分の2を超えています。したがって、改憲の発議自体は可能なはずですが、実際にはそう簡単にできません。

なぜなら、改憲案と一口にいっても、その中身が統一されていないからです。また、『日本国憲法の改正手続に関する法律（国民投票法）』が制定されたとしても、「国民投票」に関してはまだ詳細が詰められていない部分があります。憲法改正に反対の野党が「国民投票の詳細が決まっていないので、憲法改正の審議には応じられない」とか、「今国会で国民投票の詳細は詰められない」などといって議論を回避しようとしている場合も少なくありません。

では次に、国民投票とはどんなものか、また『国民投票法』がどのように成立し、今日どんな課題があるのかについて、お話ししたいと思います。

国民投票の三つの制度

現在、国の運営において、国会が法律を作ることは、その大前提にあります。憲法にも国会は「国の唯一の立法機関である」（41条）と定められています。しかし「国民主権」という根本原則から見ると、日本の政策立案システムが間接民主主義をベースにしていても、国民が直接的に国民投票によって国家の政策立案に関わることは、矛盾しないどころか普遍的な国民の権利です。

さて、一口に国民投票といっても、大きくわけて、三つの制度があります。

①レファレンダム（国民評決）

第一が「レファレンダム」と呼ばれるもので「国民評決」と訳されています。国民の投票結果が直接、国の正式な政策決定になるもので、今の憲法改正のための国民投票などもこれにあたります。それ以外の政策の是非についても実施することが可能です。

②イニシアティブ（国民発案）

第二は「イニシアティブ」です。これは、国に対して国民が直接政策を立案する方法です。つまり、国民のうち一定数の人が立案すれば、それが国民投票にかけられるというシステムです。世界で一般の法律に対してイニシアティブを採用している国は、スイスをはじめ、いくつもありますが、日本では地方自治体の条例の制定改廃請求がこれに該当します。

③リコール（解職請求）

第三は「リコール」で、国民の意思により公務員を解雇できる制度です。

日本では、都道府県知事や市町村長または地方議会議員のリコールが時々、実施されています。また最高裁判所判事の国民審査もこれにあたります。

世界における国民投票

日本でレファレンダムにあたる国民投票として、憲法改正に関する『国民投票法』が定められていますが、一度も実施されたことはありません。

では世界の先進国で国民投票がどのように扱われているかというと、先述したように、国民投票の実施が憲法に明記されている国と、明記されていない国があります。さらに国民投票を実施している国のなかでも、「国民投票の結果がそのまま法律の承認・決定になる」という「拘束的《こうそくてき》国民投票」を実施している国と、「一応参考として国民投票で国民の意見を聞く」という「諮問的《しもんてき》国民投票」を可能にしている国があります。

そして、もう一つの括《くく》りとして、拘束的国民投票を定めている国のなかでも、「国民投票は憲法改正に限られる」という国と「国民投票は憲法改正以外の課題に対しても実施が可能だ」という国に分かれます。

国の制度として国民投票制度がない国は、アメリカやドイツなどです。国民投票制度を行っている国で、諮問的国民投票制度を持っている国は、カナダやオランダのほか、ノルウェーやフィンランドなどの北欧諸国です。日本のほかに拘束的国民投票制度を持っているのは、スイスやフランスなどです。諮問的国民投票制度と拘束的国民投票制度の両方を持っているのは、イギリスをはじめ、イタリア、デンマーク、オーストラリア、スペイン、韓国などで、この両方の方式をとっている国が、先進国のなかでは一番多いようです。

世界を概観してみると、基本的には諮問的・拘束的問わず国民投票制度を採用している国が大多数です。

国民投票の結果がそのまま法律になる拘束的国民投票の実施に関しては、スイスが圧倒的にその回数が多く、１００回以上行われています。またオーストラリアやアイルランドでも何度も国民投票が実施されています。ニュージーランドなどでは、憲法改正以外の課題についても20回以上、国民投票が行われていますし、デンマークでも複数回実施されています。どれだけ国民投票が実施されているかは、国によってそれぞれですが、基本的には、大多数の先進国で、国家としてはっきりと国民投票制度を定めているのです。

日本の国民投票における問題点

日本でも、憲法改正のための国民投票制度が２０１４年に成立しています。しかし、今、国民投票制度に対して出てきている問題が「国民投票と広告宣伝の関係」です。

改憲派は基本的に与党ですから、資金力が野党に比べて大きいのは当然です。そのため、国民が憲法改正を判断する際に、「広告宣伝費を豊富にかけられる与党によって国民感情が捻《ね》じ曲げられるのではないか」という疑念が起こります。国民投票制度においては、投票日の14日前からは、一切の広告宣伝活動が禁止されていますが、それまでは全くの自由です。『国民投票法』１０５条では次のように記されています。

第１０５条　何人も、国民投票の期日前14日に当たる日から国民投票の期日までの間においては、次条の規定による場合を除くほか、放送事業者の放送設備を使用して、国民投票運動のための広告放送をし、又はさせることができない。

この条文に対して、「国民投票の14日前までの期間は野放しなのか」という批判が出ているのです。

広告宣伝費の多寡《たか》が国民の意識に反映される可能性があることは多分に考えられますが、実際には、マスコミの報道も含めて完全に中立を保つことは不可能です。よく「政府与党によってマスコミがコントロールされ支配される」という言い方がされることがあります。しかし、実際のマスコミの報道を見ていると、政府批判も存分に行われているように思えます。

いわゆるお金をかけた「広告宣伝」のみならず、報道の自由という観点から見れば、それらを一切禁止するとどうなるのでしょうか。民放連（日本民間放送連盟）では、「表現の自由」という立場から、広告の規制は受け入れられない立場です。しかも今は、インターネットという、これまでのマスコミとは次元の違うメディアが拡がっています。いざ憲法改正となれば、政党主導の広告宣伝でなくとも色々な意見が無数にネットのなかで飛び交うことでしょう。ネット上での情報規制は非常に難しく、フェイクニュースなども溢れていますが、何が規制の対象になるのか、その選択は簡単ではありません。

そのようななかで重要なことは一つです。それは、政党の広告宣伝等に関して、とにかく早急にそのルールを確立することです。国会は、広告規制について「3年間の継続審議」などと悠長なことを言っていますが、このようなことに3年もかける必要はありません。もしそれほどの時間がかかるとすれば、それは単に思考停止に陥っているだけです。与党はいつまでも先延ばしにしていてはいけませんし、改憲に反対する野党も、この広告宣伝に関してのルールが詳細に決まっていないからといって、憲法改正論議に応じないのは筋が通っていません。世界基準に照らし合わせて、そのルールをはっきりすれば良いだけの話です。

世界において、たとえばイギリスやフランス、スイスなどでは、テレビのＣＭについては禁止か回数制限を設けています。日本もそうすれば良いのです。ただ、この15年間、ＳＮＳの発達で状況は一変しています。むしろ「言論の自由市場」において、ある部分においては自然淘汰に任せるということも必要かもしれません。

国民一人ひとりが意思表明できる制度

民主主義は、基本的には「多数派の考えに従う」という政治理念に基づいて運営されていますが、当然、少数派が正しい考えを持っているということもあるでしょう。しかし、今のところ人類は、独裁政治を除けば、民主主義以外に効果的な国家統治制度を持っていません。

したがって、もし国民の大多数が愚かであれば、その決定も愚かなものになるでしょう。憲法改正をしたことによって、もし国民が不幸になるとしたら、それは本末転倒です。しかし何もしないことによって、国民の平和が脅《おびや》かされたら、それもまた不作為の罪となり得ます。

どんなに制限をかけたところで、おそらくネット社会では、国民投票に対し、フェイクも含めて、ほとんどバトルロイヤルのような批判合戦が展開されることでしょう。そのなかで国民一人ひとりが、自分自身で判断することが大切なのです。

政府や国会が、国民に主権者としての意思を示す機会を与えるための制度をしっかりと作ることは、重要な任務であり責任でもあります。「まだ議論が熟していない」という逃げ口上からは脱していかねばなりません。

日本の未来は、ある意味かなり厳しい状況になる可能性もありますが、日本には、世界でも類《たぐ》い稀《まれ》な、豊かな歴史があります。その恩恵の上に私たちは今の生を営んでいます。

その日本を次の世代にどう引き継いでいくのか、それは現在を生きる私たち一人ひとりの肩にかかっているのではないでしょうか。その国民の意思を示すことができる一つの重要な制度が「国民投票」なのです。

第三章

「9条改正」と「緊急事態条項の導入」を考える

憲法改正最大の論点

これまで、憲法の成り立ちと、その改正手続きについて解説してきました。その上で、今、憲法改正について何が問題になっているのか、その全体像をあきらかにしていきたいと思います。本章では、まず憲法改正において最大の論点である、「9条改正」問題を深掘りしていきます。

第一章で述べたように、9条の基本目的は、戦勝国であるアメリカが中心となって、日本を非軍事化しようとしたことにあります。

まず9条の位置付けから見てみましょう。

日本国憲法における第9条の位置付け

日本国憲法は、全部で11章103条で構成されています。

前文に続き、

第1章「天皇（第1条―第8条）」

第2章「戦争の放棄（第9条）」
第3章「国民の権利及び義務（第10条―第40条）」
第4章「国会（第41条―第64条）」
第5章「内閣（第65条―第75条）」
第6章「司法（第76条―第82条）」
第7章「財政（第83条―第91条）」
第8章「地方自治（第92条―第95条）」
第9章「改正（第96条）」
第10章「最高法規（第97条―第99条）」
第11章「補則（第１００条―第１０３条）」

となっています。

ここで注目したいのは、それぞれの章はそのほとんどが複数の条文で構成されているのに対し、第2章「**戦争の放棄**」は「９条」一つだけだということです。本来ならば、第2章のタイトルとしては「国防」とか「安全保障」などがふさわしいはずですが、ここでは「戦争の放棄」としか書かれていません。しかも1条（第1項と第2項）しかありません。ここからして歪《いびつ》です。

一度、9条を声に出して読んでみてください。

第9条　日本国民は、正義と秩序を基調とする国際平和を誠実に希求し、国権の発動たる戦争と、武力による威嚇又は武力の行使は、国際紛争を解決する手段としては、永久にこれを放棄する。

②　前項の目的を達するため、陸海空軍その他の戦力は、これを保持しない。国の交戦権は、これを認めない。

いかがでしょうか？　この条文を読む限り、第一章で紹介した芦田修正の意味を知らなければ、たとえそれが自衛のものであっても、「戦力」になるようなものは持ってはならないとも読めます。

もともとGHQ草案は、どうであったかというと、

第9条　国の主権たる戦争と、武力による威嚇又は武力の行使は、他国との間の紛争の解決の手段としては、永久にこれを放棄する。

②　陸海空軍その他の戦力は、これを保持してはならない。国の交戦権は、これを認めない。

というものでした。芦田均は第1項に「日本国民は、正義と秩序を基調とする国際平和を誠実に希求し」という文言を、第2項に「前項の目的を達するため」という文言を挿入しました。この文言を入れることにより、「他国に対する侵略戦争は放棄するが、自衛のための戦力は持てる」という解釈になったのです。

極東委員会でも「日本が自衛のための軍隊を持つ」ことを前提にして、大臣の「文民条項」（42ページ参照）を強く主張していました。つまり芦田修正がほどこされた9条によれば、「自衛のための軍隊である自衛隊を持つことは違憲である」という理屈は、憲法制定当初からなかったことになります。にもかかわらず憲法学者の多くが自衛隊を違憲であるとしているのは一体どういうことなのでしょうか？

9条の何が問題か

2015年の朝日新聞の調査によると、憲法学者の3分の2が自衛隊は違憲、あるいはその可能性がある、と述べています。

これはおそらく、戦後の憲法学会において明確に護憲の立場を貫き、その影響力が非常に大きかった宮澤俊義《みやざわとしよし》東大教授（当時）が、「自衛隊は違憲である」ということを強く主張していたからと思われます。

私も大学時代に宮澤俊義や芦部信喜《あしべのぶよし》の教科書を読んだ記憶があります。彼らの思想が憲法学会に蔓延《まんえん》しているとするなら、自衛隊は違憲だと考える学者が多数輩出してきていることも容易に理解できます。

宮澤俊義は、東京帝国大学の教授でしたが、同時に貴族院議員でもありました。宮澤は、1946年10月に貴族院の帝国憲法改正案特別委員会で、驚くべき発言をしています。「憲法全体が自発的ではなく指令されてできている事実は、やがて一般に知れることと思う。重大なものを失ってから、今ここで頑張ったところで、そう得るところはなく、多少とも自主性をもってやったという自己欺瞞《ぎまん》にすぎない」

護憲論者の守護神ともみなされている宮澤が、この『日本国憲法』の欺瞞性を痛烈に批判したのです。

穿《うが》った見方をするなら、宮澤は「自分の国を守る軍隊すら持てない憲法の正当性への疑問」を主張するために、自衛隊の違憲性をあえて訴えていたのかもしれません。芦田修正も宮澤から見たら、一種の欺瞞と映っていたのでしょうか？

解釈の是非はともかく、現在に至るまで、「自衛隊は違憲である」という学者が多数いるということは、国民として率直に理解しておかねばならないでしょう。

実際「９条」を声に出して読めば、それが戦車にせよ、軍艦にせよ、戦闘機にせよ「相手を攻撃できる火を噴くようなものを持ってはならない」とも聞こえるからです。どちらにせよ、憲法制定時から今日まで、不毛な「自衛隊違憲論争」が延々と繰り広げられてきています。

憲法制定時の日本共産党

現在でも自衛隊違憲論の急先鋒は日本共産党ですが、憲法制定時に共産党の重鎮であった**野坂参三**《のさかさんぞう》は、憲法が制定される直前の１９４６（昭和21）年８月24日、帝国議会の代表質問で、明確に**９条反対**を述べています。

「９条案は、現在の日本においては一個の空文にすぎない。我々は、このような平和主義の空文を弄《ろう》する代わりに、今日の日本にとってふさわしい、また実質的な態度をとるべきであると考えるのであります。要するに当該憲法第２章（注・９条）は、我が国の自衛権を放棄して民族の独立を危うくする危険がある。それゆえに我が党は、民族独立のためにこの憲法に反対しなければならない」と。現在「自衛隊は違憲である」と主張してやまない共産党の先人がこのように全く反対の論を述べていることは大変興味深いといえましょう。

また、同年6月28日の衆議院本会議において、吉田茂首相に対してこうも述べています。

「侵略された国が自国を護るための戦争は、我々は、正しい戦争といって差し支えないと思う。憲法草案に戦争の放棄という形ではなく、我々はこれを『侵略戦争の放棄』、こうするのがもっと的確ではないか」

私自身はこの野坂の意見に納得していますが、実は、野坂の発言は、現在の日本共産党の考えとは完全に相入れないものです。もちろん今の共産党からすると「野坂はスパイ事件で後に除名された男だから我々とは関係ない」と主張するかもしれませんが、憲法制定時に、共産党がこのような考えをしていたことは特筆に値します。

さらに興味深いのは、野坂の意見に対する吉田首相の答弁です。

「戦争放棄に関する憲法草案の条規におきまして、国家正当防衛権による戦争は正当なりとせられるようであるが、私はかくのごときを認めることは、有害であると思うのであります」

これでは自衛権も放棄するというような発言です。名前を伏せれば、どちらが首相でどちらが共産党の発言か分からないでしょう。ともあれ共産党が憲法成立時にこのような考えを披瀝していたとは驚きです。

こうして憲法が成立した時には、日本人は「これでやっと戦争が終わる。もう二度とあんな悲惨な戦争は起こしてはならない」と思って、この条文を喜んで受け入れ、またアメリカにとっても「日本が二度と世界に牙を剝《む》かないように」との思惑通り、「日本丸腰」が完成しました。

朝鮮戦争と警察予備隊

日本は、１９５２（昭和27）年４月に**サンフランシスコ講和条約の発効**によって独立を回復するまでアメリカの占領下にありました。その間に起こったのが「**朝鮮戦争**」です。朝鮮半島は戦後、北緯38度線を境に「朝鮮民主主義人民共和国」と「大韓民国」に分かれていました。それが突然、１９５０（昭和25）年６月、ソ連のスターリンから支援を受けた金日成《キムイルソン》が、38度線を越えて大韓民国に襲いかかったのです。

これを見たアメリカは驚きました。そこでイギリスやフランスなど自由主義陣営が協力し、北朝鮮軍を38度線まで押し返したのです。その時アメリカは日本に対し「日本も協力しろ」と要求してきました。しかし日本には軍隊が存在しません。そこで苦肉の策として、１９５０年８月、警察力を補強するものとして「**警察予備隊**」を組織しました。その後、朝鮮戦争は１９５３（昭和28）年まで続き、その途中で警察予備隊は、今の陸上自衛隊の前身にある「保安隊《ほあんたい》」に改組されています。

つまり、この時すでに、憲法で謳っている「戦力不保持」の建前を隠蔽《いんぺい》するために、「私たちは軍隊など持っていません。これはあくまでも警察の延長であり、国民を守るための『実力』です」というごまかしが始まっていたのです。

自衛隊違憲論争

ここで、今日までの「自衛隊違憲論争」に関する基本的な考えを、三つのパターンで示しておきます。

第一は、「すべての戦争、すなわち侵略戦争はもとより自衛の戦争であっても、国際紛争を解決する手段として用いられる戦力としては放棄する」という考え方です。考えてみるまでもなく、自衛戦争をする場合でも、その戦争が起こる前には、必ず何らかの外交上の揉め事があるはずです。北朝鮮であっても、中国であっても、何の前触れもなく爆弾を落としてくることはないでしょう。これは2022年2月に始まったロシアとウクライナの紛争であってもそうです。ある面、すべての戦争は自衛から始まるのですが、それも含め、あらゆる戦争はダメだという立場です。

第二が、「すべての国は国際的なルールにおいても自衛戦争が認められている。第一項で侵略戦争は放棄しているが、個別的自衛権を持つことは許される」という考え方です。１９２８年にパリで締結され、「国際紛争を解決する手段としての戦争の放棄」を謳った『不戦条約』においても、個別的自衛権は国際社会で認められているという考え方です。

そして第三が、「すべての国は国際的なルールにおいても自衛権が認められている。それはその国家が単独で行使する個別的自衛権と、同盟国とともに戦う集団的自衛権の両方が認められる」という考え方です。

では最高裁判所はどんな判定をしているのでしょうか？　１９５９（昭和34）年12月の砂川事件*最高裁大法廷の判決がよく引き合いに出されます。この時の最高裁判断は、「憲法の平和主義は決して無防備・無抵抗を定めたものではない。平和と安全を維持するために、必要な自衛措置をとりうる」というものであり、これが自衛隊の合憲根拠となっています。

したがって、自衛隊が違憲であることは最高裁においても否定されているのですが、限定的であっても「集団的自衛権」が認められるかどうかは、司法の場でも明確に判断されていません。私たちの「生命」「財産」「領土」を守っていくために、最も大切な国家の防衛ということに関して、さまざまな解釈ができる神学論争が今日まで続いているのは、どう考えても不健全極まりない状況だと思います。

＊東京都北多摩郡砂川町にあった米軍立川飛行場の拡張をめぐる闘争。

自由民主党による憲法改正牽引

自由民主党結党と55年体制

このように憲法9条は、その成立当初からいろいろな解釈が行われ、右往左往していきますが、やはり憲法の解釈変更だけでは当然無理が生じてきます。その無理に対して、憲法改正を設立当初から明確に打ち出していたのが「自由民主党」です。よく「55年体制」といわれますが、これは1955（昭和30）年に「自由党」と「日本民主党」の保守政党が合併して「自由民主党」が誕生し、これに先立って右派と左派に分かれていた日本社会党が再統一され、この二党による対立構造が確立したことを指しています。

その「自民党設立綱領」の中で宣言されていたのが「憲法改正」です。当時の党の設立綱領の第六に次のような記述があります。

独立体制の整備

平和主義、民主主義及び基本的人権尊重の原則を堅持しつつ、現行憲法の自主的改正をはか

り、また占領諸法制を再検討し、国情に即してこれの改廃を行う。世界の平和と国家の独立及び国民の自由を保護するため、集団安全保障体制の下、国力と国情に相応した自衛軍備を整え、駐留外国軍隊の撤退に備える。

憲法改正論議は今に始まったことでなく、自民党結党以来の宿願なのです。

この文言で注目されるのは、最後に「駐留外国軍隊（アメリカ軍）の撤退に備える」と、やがてはアメリカ抜きで、自分たちで自分の国を守らなければならないと考えている様子が垣間見えることです。

55年体制において、自民党側は「自由主義、対米協調、憲法改正、天皇制尊重」を柱にし、社会党側は「社会主義、対ソ協調、護憲」が理念となっていました。

当初は、この二つによる二大政党制の到来も予想されましたが、社会党も、政権がとれるほどの力はなく、自民党が憲法改正に必要な総議員の３分の２の議席数にさえ達しなければそれでよいと考え、万年野党的地位に甘んじていました。

ただこの間、一度も衆議院・参議院両方で与党の議席数が３分の２を超えることはなかったので、憲法の改正は議題に上らなかったのです。

この55年体制は、１９９３（平成５）年７月に自民党が総選挙で過半数割れを起こし、日本新党が政権を取るまで続きました（余談ですが、この1993年に衆議院議員として初当選したのが、安倍晋三、岸田文雄、志位和夫、小池百合子、枝野幸男、前原誠司など。その後の政界で良くも悪くも、第一線に立って活躍する政治家が誕生しているのは興味深いですが……）。

自民党の一党支配が40年も続いたのは、社会党が真剣に政権奪取を目指さず、単なる議会における反対勢力としての位置付けにあったことも原因の一つですが、高度経済成長のなかで、自民党が「ばら撒き」「格差是正」という社会主義的政策を次々に打ち出していったことにもよります。とにかく戦後、自民党は権力の座にとどまり続けました。

戦後の防衛論議の変遷

その間、憲法改正についてはどのような動きがあったのかといえば、憲法問題が大きな争点となる前の1950年代に、内閣の「憲法調査会」が8年にわたって開催されていました。しかしこの憲法調査会は、「9条改正」をメインテーマにしていたというよりも、憲法のあり方を総合的に調査する組織でした。

憲法改正論議の前に日本国を揺るがしたのが、1960（昭和35）年に起こった『**日米安保条約**』締結をめぐる「**安保闘争**」です。「日米安保条約を結んだのは誰ですか」という質問に対して、歴史に少し詳しい人だと「安倍晋三元総理のおじいさんの**岸信介**《きしのぶすけ》さんです」と答える人が出てきます。しかしこれは誤解です。

実は、最初の日米安保条約は１９５１（昭和26）年９月、吉田茂によってすでに結ばれています。この時に締結された日米安保条約の目的は、アメリカが日本を守るという意識よりも、朝鮮戦争の勃発や、後の冷戦へと続くソ連や中国など共産主義陣営への危機感から、日本と安保条約を結ぶことによって、アメリカ軍の駐留を継続させようとしたことです。そして、アメリカ軍駐留のもう一つの目的は、「日本の再軍備拡大化阻止」でした。このことは後のアメリカ人の意識の中にも根強くあり、日本を守るためにアメリカ軍を駐留させているという感覚はほとんどなかったといってよいでしょう。

岸信介が行ったのは、この安保条約の改正だったのです。では、１９６０年に岸が目指したものは何だったのか？

岸信介

それは、日本にアメリカ軍が駐留している目的を、「日本が攻められた時は、アメリカがともに戦い守る」という、いわば「同盟関係」へと発展させることでした。これは日本側から見れば、当然といえば当然の改正要件でした。

しかし、この安保条約改正に対し、全国的な反対運動が起こりました。なぜでしょうか。それは、同盟関係を結んだら、アメリカがどこかの国と戦争を始めた場合に、日本も巻き込まれるという懸念だったのです。

学生運動のさなか、当時大学生だった樺美智子《かんばみちこ》さんが、機動隊との衝突によって亡くなった時、安保反対の高まりは頂点に達しました。

結局、自民党は強行採決をすることになるのですが、この大反対運動のうねりのなかで、岸信介は「安保条約の批准」を待って退陣することになります。

現在、日本で「日米安保条約」は、9割近くの人がその存在の意義を認めています。しかし約60年前には、日本国中で反対の大運動が繰り広げられていました。「50年後には歴史が証明する」という岸信介の言葉は、今のところ正しかったといえそうですが、いずれにしても安保闘争は戦後最大の反政府運動の一つであったといえましょう。

なお、この条約締結時に、「公務中の米国軍人が罪を犯しても日本は裁けない」ことなどが定められている「**日米地位協定**」も結ばれています。これをもって「今も日本はアメリカの占領下にある」といわれることもあります。

安保闘争と岸信介の真実

岸はその剛腕、悪魔的な知力、そしていささか面妖《めんよう》な風貌とあいまって「昭和の妖怪」などという渾名《あだな》がついています。やはり憲法改正に関する道のりや、また孫である安倍晋三元首相への連綿とした系譜をたどる時、岸信介の人となりを紹介することには、それ相応の意味があると思います。

９条の主題からはいささか離れますが、ここで岸信介の政治的足跡を時系列的に追ってみたいと思います。

岸はもともと佐藤家に生まれ、のちに総理大臣になる**佐藤榮作**とは実の兄弟でした。岸という苗字は、岸信介の父親の佐藤秀助が、岸家からの婿養子であったために、父親の実家の姓を継いだものです。

高校時代は、あまり成績はよくなかったようですが、大学では秀才の誉《ほまれ》が高く、東京帝大では常に首席を争っていたといいます。当然学者としても嘱望されていましたが、大学卒業後は官界に進みました。それも、当時一流官庁と見られていた内務省ではなく、二流と思われていた農務省に入省します。この判断は、岸なりの「これからは産業だ」という直感と予測に基づいていました。

その後、満洲国国務院実業部総務司長に就任して満洲にわたります。そこで当時関東軍の参謀長であった**東条**

佐藤榮作

英機や日産コンツェルンの総帥・**鮎川義介**《あゆかわぎすけ》らと広範な人脈を築くことになりました。この満洲時代の人脈が、そののち、岸の絶大な政治力の基盤になったことは間違いありません。
1941（昭和16）年10月、東条内閣の商工大臣として初入閣を果たすことになりました。その後、アメリカ・イギリスとの開戦の詔勅《しょうちょく》に大臣として署名しています。

東条英機

鮎川義介

1945（昭和20）年8月に戦争が終わり、岸はいったん郷里の山口に戻りますが、戦争中に軍需次官を務めていたために、極東国際軍事裁判でA級戦犯となり、東京の巣鴨拘置所に収監されました。
当時の岸の言行録を読むと、自分の考えに対する揺るぎない信念を感じます。「日本が起こした戦争は、決して侵略戦争ではなく、自衛のための聖戦であったことは間違いない。それを明確にしたい。極東国際軍事裁判というのは勝者が敗者を裁くといういわばショーのようなものだが、私は自分がどうなっても自分の考えを明確に述べるつもりだ。私たちは天皇陛下と国民に対しての責任はあってもアメリカに対しての責任はない」と述べています。

しかし岸は、A級戦犯となりながらも、やがて釈放されます。それには大きく三つの理由がありました。

第一は、太平洋戦争が始まる１９４１年12月８日の直前、11月29日に開かれた大本営政府連絡会議の共同謀議に参加していなかったこと。第二は、当時首相であった東条英機に対して、即時講和を呼びかけ、内閣不一致で東条内閣を倒した立役者であったこと。そして第三が、駐日大使であった**ジョセフ・グルー**から大きな信頼を得ていたことです。

岸は、７名のA級戦犯が処刑された１９４８（昭和23）年12月23日（この日は、時の皇太子〈現上皇様〉の誕生日でもあり、その日に絞首刑を行うというのはいかにも残酷な話です）の翌日、釈放されています。

この巣鴨に収監されている間に、岸は、今一度日本再建のために政治の舞台で自分の生涯をかけることを誓いました。

岸が目指した日本再建

その後も、岸は公職追放の立場にありましたが、アメリカとソ連の冷戦状況が激化し、『サンフランシスコ平和条約』により日本が独立を回復するなかで、岸もまた公職追放を解除されました。

公職追放が解除されるやいなや、「自主憲法制定」「自主軍備確立」「自主外交展開」を掲げた「日本再建連盟」を設立し、政治運動を開始しますが、なかなか思うようには動けず、翌年、吉田首相ひきいる自由党に入党します。そこで吉田から自由党の憲法調査会の会長に任じられ、悲願であった「自主憲法」の制定に邁進しようとしました。しかし吉田の考えは「とにかく軍備よりも経済優先でいく」という「軽武装・対米協調」であったため、岸は吉田と対立し、やがて自由党を除名されることになります。

それでも岸の考えは変わらず、「日本民族の魂がこもった日本国憲法を作り、8500万人（当時）の日本人が繁栄する国家を築くのだ」という思いで、保守合同を画策します。

そして1954年、**鳩山一郎**とともに日本民主党を結成し、幹事長に就任することになりました。やがて日本民主党は自由党との保守合同をし、自由民主党が設立されるに至ります。

実は1960年の「日米安保条約改定」に対する岸の執念を生み出すきっかけとなった出来事が、1955年の8月に起こっています。当時、岸は鳩山一郎政権の幹事長を務めていました。岸は外相の重光葵とともに訪米し、**ジョン・ダレス国務長官**と面会しています。その時、重光はダレスに対して、アメリカ軍の撤退について提案しています。しかしダレスは憲法９条のもと貧弱な軍備しか持たない日本を、「そんなことは非現実的なことです」と露骨に鼻でせせら笑い、日本側の提案を即刻拒否しました。ダレスの頭の中には、日本が自主防衛に力を入れていないことや、アメリカ陣営から離脱するのではないかという疑念がありました。その時の屈辱的な体験が、岸の「日本は本当に主権国家として自立していかなくてはならない」という「日米対等の安保条約改定」への思いとなっていったのです。

岸は翌年、自民党総裁戦に立候補するも、**石橋湛山**《いしばしたんざん》に僅差で敗れ外務大臣として入閣しました。しかし、その２カ月後に石橋が病で倒れると、石橋から後継指名を受け、１９５７（昭和32）年2月、全閣僚を全く替えない「居抜き内閣」を発足させます。

鳩山一郎

石橋湛山

安保改定と反米感情

岸は、アメリカとの対等な条約締結を願っていました。吉田が結んだ旧安保条約では、アメリカが日本を守ることは約束されておらず、ただ「日本はアメリカが基地を置く土地の提供や、日本での内乱の監視や安全への関与」といったことが書かれているだけで、実にお粗末なものでした。岸は、日本が米軍に基地を提供する代わりに、アメリカが日本を守るためにともに防衛にあたることを約束させるという信念に基づき、安保条約改定に執念を燃やしていったのです。

その後、アメリカ側と入念に討議を続け、沖縄返還、安保条約改定に向けて進んでいきました。

そしていよいよ1957年6月には、アメリカで**ドワイト・アイゼンハワー大統領**と会談し、「安保改定の約束」をとりつけるに至りました。アイゼンハワーと岸はとても馬が合ったようで、かつて安倍元首相とトランプ元大統領がゴルフを通して親交を深めたように、岸とアイゼンハワーもゴルフを仲立ちにして、人間関係を強くしていったようです。

また岸は、アメリカとの協調を主軸としつつも、アジアとの関係強化にも精力を注いでいきました。

1958年の総選挙で287議席の絶対多数を獲得すると、岸はさまざまな課題に取り組んでいきました。現在まで続いている**国民皆保険**や**最低賃金制**、また**国民皆年金**などの社会保障制度を整備し、それ以降に訪れる高度経済成長の下地を完成させています。そして岸が自分の政権時代に最も強い思いで目指したのが、「憲法改正」でした。

1960年1月、岸は再びアイゼンハワー大統領と会談し、「新安保条約の調印」と大統領来日を約束して帰ってきました。

しかし、国内に帰ってみると、社会党の猛烈な反対にあい、全国的に「安保闘争」の炎が燃え上がっていたのです。

そのようななか、アイゼンハワーが来日することになり、岸は反対闘争を抑え込むために、反社会的勢力や右翼団体、宗教団体にまで総動員をかけ、その数は数万人にも達したといいます。

岸が強硬な態度に出れば出るほど、反米反安保の波は猛烈にひろがっていきました。日本は混乱状況に陥り、アイゼンハワーの訪日は中止となりました。

国会構内で機動隊とデモ隊が衝突し、前述した共産活動家の樺美智子さんが圧死する事件が起こり、反安保運動は最高潮に達します。

岸は、「首相官邸が危機に瀕している」と、退去をすすめられますが、「ここが危ないのならば、どこが安全だというのか。官邸は首相の本丸だ。本丸で討死するなら男子の本懐だ」「俺は殺されようが動かない。覚悟はできている」と言って、実弟の佐藤榮作と首相官邸で悠々とブランデーを飲んでいたといいます。

岸の理念は後継へ

日米安保条約は有効期間（固定期間）を10年として1960年6月19日に自然承認され、岸はこの混乱の責任をとる形で23日に辞意を表明します。しかし、その後も岸は政界に隠然たる力を保持し続け、後継の福田赳夫《ふくだたけお》の後見人になります。

そして「**自主憲法制定国民会議**」を立ち上げます。その後も精力的に活動を続けましたが、1979年の衆議院選挙において政界を引退します。

余談になりますが、岸は昨今話題になっている統一教会とも関係がありました。統一教会は、韓国人の文鮮明《ムンソンミョン》が自らをメシア（救世主）と称して活動している宗教団体です。かつて「合同結婚式」や「霊感商法」などで社会的に大きな問題となりましたが、この教団の理念の中に「共産主義を倒す」というスローガンがありました。そこから岸は文とも関係が深くなっていったようです。

岸は晩年に至るも、憲法改正に対する情熱が衰えることはありませんでしたが、このように見てくると、安倍晋三の政治理念が、かなりの部分、岸信介の遺伝子によって作られていたことがよく分かります。

1987年8月に岸が亡くなった時、安倍晋三は32歳でした。当然、岸から国家理念のあり方について何度も聞かされ、深く彼の心に刷り込まれていたに違いありません。

岸は「日本の国家としての真の独立」を掲げ、憲法改正を悲願としていました。しかし、岸の後を継いだ**池田隼人**《いけだはやと》も佐藤榮作も、経済発展への傾斜が強く、また、当時いくら憲法改正を叫んでみても、それが可能になる議席数にまで与党が到達することはありませんでした。

福田赳夫

池田隼人

沖縄返還と非核三原則

高度経済成長のさなか、1972年5月に沖縄が日本に返還されたのは、第3次佐藤榮作内閣の時です。核については「持たず、作らず、持ち込ませず」という「非核三原則」が表明され、当然、沖縄にもそれが適用されるとしました。今では非核三原則は、「語らず、考えず」が足されて「非核五原則」というそうですが、日本は世界で唯一の被爆国であり、核に対するアレルギーが非常に強く、また再軍備に対する疑念もありました。高度経済成長からバブル期に至るまでの間、「憲法改正論議」は日本国民の意識の外にあったといえましょう。

戦後、日本は「どこの国とも戦闘をしていない」という意味では平和でした。その根本原因が「9条の保持」にあったのか、あるいは自衛隊の存在と「日米安保条約」にあったのか、その認識の違いによって、国家の未来像は変わってしまいます。

日本人の危機意識の高まり

ベトナム戦争と日米安保問題

昨今のように、防衛に関して緊迫した状況が生じる前にも、日本国として憲法9条問題や、自衛隊の合憲違憲問題、日米安保問題などが人々の意識に上がってきた場面は何度かありました。

日米安保条約に関して、日本人のなかで危機意識が生まれた出来事の一つが、ベトナム戦争（1954年頃～1975年）です。アメリカは、ベトナムで戦争が起こると、再び日本にも参戦を求めました。しかし日本は、9条を盾に、米軍に対して基地提供で協力する以外、ベトナムに自衛隊を派遣することはありませんでした。

ベトナム戦争の実情は、北ベトナムを支援したソ連と南ベトナムを支援したアメリカによる、ベトナム内戦からの代理戦争でした。１９７５年4月に終結しましたが、世界最強と思われたアメリカが敗北したのですから、世界が驚愕したのも無理はありません。この戦争でアメリカは、第二次世界大戦時よりも多くの爆弾をベトナムに投下し、一時は１００万人の米兵が投入されていたといいます。それでもアメリカは敗北しました。

「大義なき戦争」ということで、日本のなかでも反戦運動が繰り広げられ、作家の小田実《おだまこと》らが、一般市民による反戦運動としての「ベ平連《へいれん》（ベトナムに平和を！市民連合）」をたちあげるといったことも起こりました。つまり60年代から70年代にかけては、「憲法改正」どころか「反戦ムード」のほうがはるかに大きかった時代であったといえましょう。

その間、１９７０年6月には「日米安保条約改定」が行われました。この改定により、条約が効力を持つ期間が10年から無期限になり、柔軟な対応が可能になりました。この時も反安保運動は展開されたものの、１９６０年の時のような日本中を巻き込んだ大騒動にはなりませんでした。

一方でアメリカは、ベトナム戦争に敗北したとはいえ、それ以降も軍拡を推し進めていきました。

米ソ冷戦下の平和な時代

70年代から80年代にかけても、米ソが突出した軍事力を持っていたことは間違いありません。私は大学時代に国際政治を学び、まさにこの米ソの冷戦構造について研究をしていたことがあります。当時、アメリカもソ連も、広島型原子爆弾の10倍以上の威力がある原爆・水爆を何千発も保有していると知って、「地球が壊れ、人類がすべて滅亡するくらいの爆弾を持っているのだな」と怖くなった記憶があります。

核兵器は、ある側面から見れば、使用できない武器です。歴史上核爆弾が使われたのは広島と長崎だけだというのは世界中の多くの人が知っていますが、核爆弾を持った国同士が戦争をしたことはありません。なぜなら、相手国に核爆弾を落としたら、自国も核爆弾を落とし返されて、自国が廃墟になってしまうからです。これを「**大量報復理論**」といい、核兵器は大変危険な武器であると同時に、一方で「相手から戦争を起こそうという意欲を削ぐ」という大きな抑止力を持っていることも、また事実なのです。

70年代以降の、米ソの冷戦状況下においては、まさに二つの大国が睨み合い、世界中でも、小さな戦闘が起こることはあっても大きな戦争が起こることはほとんどありませんでした。70年代、80年代は「米ソの冷戦時代」とはいっても、ある意味、二大強国による「緊張ある平和な時代」であったともいえます。日本もアメリカの核の傘の下で、大きな身の危険を感じることもなく、経済発展に全精力を傾注していったのです。

その結果、高度経済成長を遂げ、１９７９年には社会学者エズラ・ヴォーゲルの著書のタイトルであった「**ジャパン・アズ・ナンバーワン**」が流行語になり、「アメリカからは、もう学ぶものはない」「アメリカも日本を見習え」という空気が流れていました。その後、ハイテク景気・バブル景気とつながり、日本中が浮かれていった時代でもありました。「憲法改正」など、一部の人たちが細々と語っているだけで、国民的にはほとんど見向きもされていなかったといえます。

しかし、その安定的緊張関係が崩れ、国民の間で日本の防衛について、「これからどうなるのだろうか」という意識が生まれてきたのが１９８９年からです。その発端が「**ベルリンの壁崩壊**（**１９８９年**）」と「**ソ連崩壊**（**１９８８〜１９９１年**）」、そして「**湾岸戦争**（**１９９０〜１９９１年**）**勃発**」です。

ベルリンの壁崩壊とソ連崩壊

ドイツは、第二次世界大戦後、東西に分断され、東ドイツはソ連の支配下に入り、西ドイツはアメリカの支配下におかれました。その東西の分断の象徴として１９６１年に「ベルリンの壁」がつくられましたが、東側が経済的に困窮し、東側から西側に大量の移住者が発生しました。対応を迫られた東ドイツは、１９８９年11月に「事実上の旅行自由化」を発表し、11月10日からベルリンの壁の解体作業が始まりました。

その頃、ドイツ市民がツルハシをもって壁を壊している映像がテレビでも流れていましたが、この時を皮切りに東欧の共産主義国家は次々と倒れていきました。そして、ついに１９９０年８月31日、統一条約が調印され、10月には、東西ドイツが再び統合されたのです。

それと時を同じくして起こったのが「ソ連崩壊」です。ロシアは現在でも世界最大の領土を持つ国家ですが、その統制はよほどの強権がないと不可能でしょう。ソ連は一つの国家といっても実態は15の共和国で構成されている連合国で、経済的な行き詰まりにより、各地で社会不安が高まっていました。１９８９年から始まった東欧諸国の共産主義陣営からの離脱は、その不安意識に拍車をかけ、１９９０年にはリトアニア、１９９１年にはジョージアなどが独立宣言をしました。

また１９９１年の12月には、今、世界で最も大きな関心事となっているウクライナが独立しています。ソ連の崩壊によってバルト三国（エストニア・ラトビア・リトアニア）をはじめ、ソ連を中心とした東側諸国の安全保障機構であるワルシャワ条約機構に属していた国々は、同機構から次々と脱退し、ＥＵ（欧州連合）や西側の集団安全保障機構であるＮＡＴＯ

ベルリンの壁

に加盟していきました。今回のウクライナへの軍事侵攻問題も、ウクライナがいよいよＮＡＴＯに加盟しようとしたことが大きな引き金となっています。

地理的に見ると、まさにウクライナはロシアと一体化している領土関係にあります。そして文化的にもウクライナとロシアは深いつながりがあります。かつてプーチン大統領は、ソ連の諜報機関であるＫＧＢ（ソ連国家保安委員会）の一員としてＮＡＴＯとの交渉にあたっていましたが、その時からＮＡＴＯの戦略の凄まじさを肌で感じていたようです。もしもウクライナがＮＡＴＯに加盟することになったら「自分たちの安全が根本から揺らいでしまう」との危機感が募り、許しがたかったのでしょう。

1991年、ソ連が崩壊したことにより、米ソ間における冷戦が終結し、アメリカのヘゲモニー（覇権）が確立する時代が到来しました。今日のような中国の台頭もまだなく、その時の日本には、「やはり共産主義はダメだ。日本は自由主義のアメリカ側だから安心だ」というような、かなりのんびりした空気感が漂っていました。政治学者のフランシス・フクヤマも「歴史の終焉、すなわち、イデオロギーの闘争が終わったのだ。自由主義の勝利に終わったのだ」と語っているように、漠然とした祝勝感に覆われていたようにも感じます。

したがって、ベルリンの壁崩壊とソ連の崩壊は、日本に特別な軍事防衛意識の変化をもたらすことはありませんでした。そしてこの頃には、「日米安保条約」や「自衛隊」に対する嫌悪感や反対意見もほとんど見られなくなっていました。ただ、逆説的にいえば、ソ連が崩壊したことにより、「日本がソ連に対する防波堤になる」というアメリカにとっての日本の存在意義がなくなってしまうのではないかという危機感もぼんやりと生まれてきました。

湾岸戦争による日本防衛への影響

一方で、この頃、日本の防衛にかなりの影響を与えた出来事が「湾岸戦争」です。

湾岸戦争は、1990（平成2）年8月2日、イラクがクウェートに突然襲いかかったことで始まりました。そして、この戦争は、イラクの侵略に対しアメリカを中心とした「多国籍軍」が１９９１（平成３）年1月17日に空爆を開始し、２月28日に終結しました。

戦争の原因は、クウェートに侵攻したイラクのサダム・フセイン大統領が諸悪の根源にも見えますが、視点を変えると違う側面も見えてきます。イラク側からすると、他のアラブ諸国がそれまでの約束を破って世界に石油を大量に輸出し、そのために石油の値段が急激に下落、それが元でイラクの経済が極度に悪化したことも紛争の原因の一つでした。またクウェートによるイラク油田の盗掘疑惑など、イラクとしてはかなり憤慨する状況が発生していました。そしてイラクがいよいよ軍事侵攻するという時に、アメリカは、今回のウクライナと同じように「アメリカ軍は動かない」というサインをイラクに出していたために、フセインは一挙にクウェートを支配下においてしまったのです。

しかし、それを暴挙と見なした多国籍軍は、「砂漠の嵐作戦」と称して、一気にイラクを叩き、瞬く間にクウェートを解放しました。

この湾岸戦争が日本に大きな防衛上の課題を突きつけることになります。多国籍軍の中心であったアメリカは、当然日本にも自衛隊の参加を求めてきました。日本には憲法９条があるので自衛隊を派遣することは考えられなかったのですが、ブッシュ大統領は「憲法のことは分かるが、自衛隊を派遣したほうが国際的に日本のためになる」という理屈で、掃海艇や補給艦の派遣を求めてきたのです。

かつて１９８０年代に起こったイラン・イラク戦争においても、日本の自衛隊派遣が要請されたことがあります。当時の中曽根康弘首相は「戦闘地域でなければ、派遣することは可能かもしれない」と述べたことがありました。そのことが下敷きになっていたのですが、アメリカの要請に対し、なんとか機嫌をそこねないようにと、右往左往しつつも追従していったのです。

結局、日本は湾岸戦争への協力資金を出すことで合意しました。しかし、この合意は国家として効果的な結果はもたらしませんでした。総額は１３５億ドル（約1兆７０００億円）という巨額なものになったものの、国際社会からは全く感謝されませんでした。この金額を出すにあたって手続きに手間取ったのと、小出しにしていったために「too little, too late（少なすぎるし、遅すぎる）」とか「小切手外交」と、散々に言われたのです。クウェートが解放後に、全世界に向けて発したワシントン・ポスト紙上での「感謝広告」の中にも、日本の名前はありませんでした。

中曽根康弘

「日本は憲法9条があるから軍事的貢献ができないのです」などと訴えたところで、国際社会では、結局は人的貢献がない状態では誰からも認められないということを思い知らされる結果になりました。これを日本にとっての「湾岸のトラウマ」といいます。クウェート解放後、遅ればせながら、日本は掃海艇を現地に派遣し、イラクがペルシャ湾に撒いた機雷の除去にあたっています。

米ソの冷戦が終わり、アメリカにとっての極東における日本の存在意義が薄れゆくなか、日本防衛の「抑止力」としてアメリカに見捨てられては大変だというおぼろげな不安が出てきていたのも、この頃です。「いかにしたらアメリカに気に入られるようになるのか」「いざという時に、どうしたら、アメリカに守ってもらえるか」という意識が少しずつ強くなっていたのです。よく「日本がアメリカとともに軍事行動をとればかえって危険が増大する」という危惧が囁かれますが、反対に「アメリカの後ろをついていかなければ、生きていけないのでは」という恐怖心が潜在意識下で芽生えてきていたのです。

日本の防衛政策と自衛隊の活動領域の変化

90年代以降、日本の防衛政策と自衛隊の活動領域がしだいに変わっていきました。これを、時系列を追いながら、見ていきたいと思います。

１９９２年『ＰＫＯ協力法』成立

1997年　日米防衛協力のための指針（ガイドライン）改定
1999年　『周辺事態法』及び『防衛指針法』制定
2001年　『テロ対策特措法《とくそほう》』制定及びPKF（国際連合平和維持軍）への参加合意
2003年　『イラク特措法』成立及び自衛隊のイラク派遣
2015年　『平和安全法制（安全保障法制）』成立
2015年　新日米防衛協力のための指針（ガイドライン）成立
2022年　「国家安全保障戦略」「国家防衛戦略」「防衛力整備計画」閣議決定

湾岸戦争後、日本の国際貢献のあり方が大きく変わるきっかけになったのが、1992（平成4）年6月の『PKO協力法』の成立です。『PKO協力法』とは、「国際連合平和維持活動等に対する協力に関する法律（国際平和協力法）」のことで、この法案の成立も一筋縄ではいかず、かなり紛糾しました。

PKOとは、国際平和維持活動のことを指し、第二次世界大戦後すでに「世界の平和のためにみんなで協力しよう」という理念から提言されていました。

1958年には、「国連レバノン監視団」として、日本にも協力が求められたことがありますが、当時の首相である岸信介は、日米安保条約改定と憲法改正が念頭にあったため、

「世論を刺激してはいけない」と、参加を見合わせています。

1992年の『PKO協力法』成立の前に、1990年に自衛隊とは別組織を派遣するという案が構想されたことがあります。これは自民党単独では政権が維持できなかったために、苦肉の策として出されたものですが、与党が単独で過半数を回復して、「自衛隊の海外派遣」という形での法案提出になりました。

しかしこれに対し、社会党や日本共産党は「軍国主義の復活だ」と徹底抗戦し、「牛歩戦術」を行って法案採決を妨害しました。当時の模様はテレビで中継され、議員たちが議場をノロノロと足踏みしながら採決しない様子は、いかにも馬鹿げた風景として国民の目に映っていました。

このPKO法案採決当時は、国民感情として反対派の人々が過半数を占めていましたが、2006年以降の総務省の調査では賛成派が逆転しています。

『PKO協力法』の成立にともない、日本は自衛隊の停戦監視要員の派遣や選挙監視などが可能になりました。

PKOの参加には5つの参加原則が掲げられています。

(1)紛争当事者の間で停戦合意がなされていること

(2)紛争当事者が日本の参加に同意していること

⑶日本が紛争当事者から見て中立の立場を厳守すること

⑷これらが守られなくなった時は、日本は撤収することができること

⑸武器の使用は、要員の生命維持のために必要最小限のものであること

この5つの原則を見ると、基本的に「日本の自衛隊の活動は、戦闘状況でないことが守られている時に限られる」ことが分かります。しかしこれほど明確な条件がついていても、自衛隊の派遣に対しては、かなりの反対意見が出ていました。

自衛隊の海外派遣とガイドラインの改定

『PKO協力法』の次に自衛隊の海外派遣についての新しい取り決めが行われたのが、1997年の「**日米防衛協力のための指針**（**ガイドライン**）」**の改定**です。これは「日米において両国が他国から攻められた時に、お互いがどのような役割を果たすか」ということに関する取り決めです。

現在の日本にとって脅威となり得る国は、「北朝鮮」「中国」「ロシア」の3カ国でしょう。1993年5月29日に北朝鮮の金日成によって、初めて準中距離弾道ミサイル「ノドン1号」が、日本海に向けて発射されました。この時は能登半島沖350キロくらいに落ちたようですが、一説では太平洋に着弾したともいわれています。このミサイル発射の後、19

９３年６月11日に、「米朝共同声明」が発表され、この時、北朝鮮はＮＰＴ（『核拡散防止条約』）を守ることを約束しています。

まだこの頃は、金日成の長男である金正日《キムジョンイル》を継いだ金正恩《キムジョンウン》の核ミサイル大開発への邁進協奏曲は始まっていないので、国連安保理事会の招集も行われていません。

第三次台湾海峡危機から中国の軍拡が加速

そしてもう一つが１９９５～１９９６年に起こった「第三次台湾海峡危機」です。これは中国が台湾近海で大規模なミサイル発射訓練をした事件です。

今日、中国と台湾は一触即発の危機に直面していますが、１９９５年にはすでに中華人民共和国と中華民国（台湾）は、かなり厳しい状況になっていました。

中華民国は、第二次世界大戦の時に、中国共産党に敗れ中国本土から追い出された蔣介石《しょうかいせき》率いる国民党が、台湾に逃れて政権を樹立したものです。なぜ１９９５年から１９９６年にかけて台湾で危機が到来したのかというと、当時、台湾国民党の総統で中国との外交政策において厳しい態度をとっていた李登輝《りとうき》が、１９９６年に中華民国総統選挙で勝利する観測が流れ、「台湾独立」がささやかれていたために、中国も極度に神経質な状況に陥っていたといえましょう。

また当時、アメリカが台湾の独立を支援するように政策転換を図っていたため、中国は激怒しました。中国の軍事幹部は「もしアメリカが台湾に介入したら、中国は核ミサイルでロサンゼルスを破壊する。アメリカは台北よりロサンゼルスを心配したほうがよい」と、核攻撃の可能性をほのめかして脅したのです。

中国は李登輝の政策方針を厳しく非難し、台湾海峡周辺で執拗な軍事演習を行いました。これに対して当時のビル・クリントン大統領は、「ニミッツ」と「インディペンデンス」という巨大空母をはじめ、ベトナム戦争を彷彿させるような大軍隊を台湾近海に派遣しました。アメリカが本気なのを見て、当時の中国は「これ以上やるとまずい」と、いったん矛を収める形になったのです。

ビル・クリントン

しかし中国もこのまま引き下がるわけにはいかず、ロシアから駆逐艦を買う了承をとりつけ、ウクライナから建造途中の巨大空母を取得し、それを「遼寧《りようねい》」という名前の空母として就航させています。つまり、この第三次台湾海峡危機によって中国は本格的な軍拡に邁進していくことになりました。

私も、かつてご縁があって李登輝元総統のご自宅にお伺いし、日本と台湾の未来について、いろいろとお話を聞く機会を得ました。当時92歳の李登輝元総統が台湾の未来に対して深く心を痛めておられた姿が、今でも瞼《まぶた》の裏に残っています。

２０２２年10月に開かれた中国共産党全国人民代表大会（全人代）では、習近平が今までの先例を破り総書記三期目に突入しました。その時に「台湾の統一は中国の悲願であり、そのためには武力の行使を放棄しない」と明言しています。習近平は、建国の父である毛沢東や経済発展を成し遂げた鄧小平《とうしょうへい》と肩を並べる存在になるためには、どうしても自分の手で台湾統一を成し遂げる必要があると考えているのでしょう。

中国の台湾侵攻については、「そんなことはしないだろう」という人と「すぐにでも侵攻する可能性が大きい」という人たちがいて、本当のところはよく分かりません。ただ、２０２４年1月には台湾で総統選挙があり、その結果によっては中国が牙を剝く可能性が高まることもあるでしょう。

習近平は、「台湾問題は中国固有の問題であり他国が関与するものではない」とアメリカからの揺さぶりを完全否定しています。もしアメリカが台湾問題で中国と戦うことになれば、間違いなく日本は当事者として巻き込まれることになります。その時、中国が日本を核恫喝してきたら一体どうなるのでしょうか？

２０２２年8月、アメリカのナンシー・ペロシ下院議長が台湾を訪問し、「私たちは台湾を守る」と宣言したことにより、中国は激しくアメリカを罵《ののし》り、台湾周辺で軍事演習を行いました。さらに2023年4月5日に行われた台湾の蔡英文《さいえいぶん》総統とアメリカのケビン・マッカーシー下院議長との密な対談など、中国はそうした台湾の動きに神経を尖らせています。

1996年の時と現在とで状況が大きく異なるのは、先述したように中国における戦艦保有数をはじめとした軍事力が、もはやアメリカの軍事力でも抑止できないところにまで膨れ上がってきていることです。少なくとも2025年において、中国はアメリカのGDP（国内総生産）を凌駕《りょうが》し、軍事力においてもアメリカを凌《しの》ぐ可能性があるといわれています。むろん現段階では、まだアメリカの軍事力のほうに分があるのでしょうが、2025年にはその優位性は失われるかもしれません。

今、日本では、北朝鮮の核やミサイルのことばかりが喧伝《けんでん》されていますが、本当は中国の核の精度やその保有数、そして日本の周辺海域を実行支配しかねない可能性を重ね合わせると、日本にとっては中国のほうがより大きな危険を孕《はら》んでいるといえるでしょう。

そこまでいかずとも、今後、台湾に有事が発生した際には、与那国島《よなぐにじま》や米軍基地のある沖縄本島にまで中国軍が押し寄せてくることは明白であり、決して対岸の火事ではすまされません。

いたずらに中国の脅威を煽《あお》ることは慎まなければなりませんが、少なくとも台湾侵攻危機は、その可能性として視野に入れるべきことであり、この問題に対して「なんとかなるだろう」「まあ日本は大丈夫さ」といって何の備えも講じないというのは、まさに「平和ボケ」といって差し支えありません。

日米防衛ガイドラインの改定と周辺事態法

前述の「北朝鮮のミサイル発射」と「第三次台湾海峡危機」の二つが大きな原因となり、1997年には「日米の防衛協力のための指針（ガイドライン）」が改定されました。

もともと1978年に制定されたガイドラインは、仮想敵国としてソ連を想定し「日本がソ連から攻められた時、日米でどのように対処するのか」が主たるテーマでしたが、1997年の「新ガイドライン」では、周辺地域における紛争において、日本がアメリカとどう役割分担をするのかがテーマとなっていました。

極東地域はどうか。太平洋・インド洋はどうか。それぞれに対して日本がそこに自衛隊を派遣することは憲法に抵触しないのか。台湾が攻撃されているとしても、それは直接日本が攻撃されているわけではないとすれば、ここに自衛隊を派遣してアメリカと一緒に戦うことは、憲法9条違反になるのではないか。しかし、もし日本がアメリカとの共同行動を拒否した場合には、日本の未来は一体どうなるのか。日本が敵国から攻められた時のみならず、台湾などの周辺国家が危機に陥った時に、日本がアメリカをどう支援できるのか、その役割がこの「新ガイドライン」で定められたのです。

そして1999年には、『周辺事態法』が成立します。これは1997年のガイドラインの改定をもっと精緻に明文化したものです。つまり日本の周辺地域で平和や安全が脅かされる事態が発生した時に、日本が『日米安全保障条約』を基本にして、米軍の後方支援ができることを定めたのです。この法律によって、ある一定の制限のもと、自衛隊が日本の領土外でも活動できることが明文化されました。

つまり後に大問題になる「集団的自衛権の行使」の第一歩が記された瞬間だったともいえます。

テロ特措法の成立

2001（平成13）年『テロ特措法』が成立します。『テロ特措法』とは『テロ対策特別措置法』の略称で、この法案が通るきっかけは、2001年9月11日に起こった「アメリカ同時多発テロ事件」にあります。

アメリカの経済繁栄の象徴であったニューヨークの貿易センタービルが爆音とともに崩れ落ちるという、まるで映画の中の出来事のようなその映像は、全世界に衝撃を与えました。

アメリカ同時多発テロ事件により炎上する貿易センタービル

　この事件に呼応して、『テロ特措法』が日本でもただちに議論され、10月29日に制定されています。２年間という時限立法でしたが、11月にはさっそく海上自衛隊がインド洋に派遣されました。
　この『テロ特措法』を成立させたのは第１次小泉純一郎内閣で、次の第１次安倍内閣でも継続されました。
　特措法によって、海上自衛隊のイージス艦や補給艦を海外に派遣できることになりましたが、ここでも憲法９条問題や集団的自衛権との関わりが議論されることになりました。しかし同盟国であるアメリカが大変な災厄に見舞われている時に、「わたしたちは９条があるので知りません」とはとても言えない状況であったことも事実です。派遣地域は「非戦闘地域と認められる公海」となっていて、その任務は「捜索救助活動」とともに「被災民救援活動」や「燃料補給」などでした。

そのため、日本が行う補給支援活動によって、支援を受けたアメリカ艦船が戦闘地域で活動するとなると、それはまさに我々も戦闘活動を行っていることになるのではないかという論争が続いていました。

第１次小泉内閣

イラク戦争への自衛隊派遣

２００１年の「アメリカ同時多発テロ」が世界を震撼させた２年後、次に衝撃を与えたのが２００３（平成15）年３月に勃発した「イラク戦争」です。

原因はいろいろありますが、直接的にはイラクの**フセイン大統領**が「同時多発テロ」を起こした**オサマ・ビン・ラディン**率いるアルカイーダの後ろで、黒幕としてテロを引き起こしたという憶測によるものです。

そしてもう一つは、イラクが「大量破壊兵器」を保持していているという疑惑があり、それについての国連の査察を拒否したという理由です。このため、アメリカのジョージ・Ｗ・ブッシュ大統領とイギリスのトニー・ブレア首相が世界に呼びかけ、イラクを攻撃することを決断しました。

しかしこの時、かつての湾岸戦争のように、全世界が多国籍軍を組んでイラクを攻撃することはありませんでした。当時の小泉首相は、さっそくアメリカへの支持を打ち出しましたが、結局、大量破壊兵器は見つからず、この戦争は、アメリカがイラクを自分たちの支配下におくために、わざとイラクに対して大量破壊兵器の存在という嫌疑をかけた戦争だったともいわれています。またフセイン自身がイランやアラブ諸国に対して、自分たちの力を誇示するために「おれたちは大量破壊兵器を持っている」とブラフをかけていたのも原因の一つだったのでしょう。

日本はアメリカを支持したとはいえ、９条があるために、戦闘地域に自衛隊を派遣することはありませんでしたが、停戦後に派遣されています。つまりこれは戦闘のためではなく、「非戦闘地域」の「人道復興支援活動」と「安全確保支援活動」への参加任務でした。

この任務は２００３年から２００６年、見方によっては２００９年まで継続しました。この間、国会で何度も問題になったのが、「自衛隊が派遣されているのは戦闘地域ではないのか」ということでした。政府は当初「これは戦闘地域ではない」と言っていたのですが、後に自衛隊の日々の活動が記されている日報が発見され、かなり際どい状況で活動していたことが分かり、野党は「憲法9条を逸脱している！」と攻撃しました。

しかし、結果として自衛隊は、現地において誰一人として殺すこともなく、また殺されることもなく任務を完遂しました。実際にアメリカは停戦後もテロリストの攻撃に何度も見舞われ、4000人以上が死亡し、3万人以上が負傷したことを考えると、自衛隊が無傷であったことは、まさに奇跡です。

自衛隊は、戦車や大砲などの大型兵器は持ち込まず、携行したのは、隊員たちによほどの危機が迫った時に正当防衛として使用する最小限の武器に限られていました。だとしたら、テロリストから見たら、最も簡単に攻撃できそうなものですが、それは全くありませんでした。

不思議なことに自衛隊がサマワに到着した時から歓迎ムードだったといいます。当時の状況を調べてみると、自衛隊員はイラクの民衆とともに街の復興にあたり、彼らの惨状に心を寄せていたようです。

現在、参議院議員になっている**佐藤正久氏**はこの時、第1次イラク先遣隊長としてイラクに派遣されています。彼がイラクを去る時には、「サミュール・サトウ（同胞の佐藤）」というアラブ名までもらっていたといいます。また、サマワの人々は「日本の自衛隊とともにサマワを復興しよう」という垂れ幕をもって現地でデモを行ったり、「自衛隊さん帰らないで」という駐留継続の請願をしたりしています。このような現場の歓迎ムードについては、マスコミを通して国民に知られることはなく、ただ「危ないのではないか」ということばかりが喧伝されました。同じ行動であっても、そこにどのような魂や心があるかによって、相当違った印象や結果をもたらすことを我々は知っている必要があると思います。

結局イラク戦争においても、国会ではある程度の論戦はあったものの、自衛隊は無傷で、また誰も殺さずに帰国したために、世論もそれ以上紛糾することはありませんでした。

集団的自衛権の解釈

『安保法制』は必要か

そしていよいよ２０１５年、かつての安保闘争を彷彿とさせるような「安保法制成立」への大騒動が起こります。

『安保法制』とは、「限定的に集団的自衛権の行使を認めることを含む法制度」です。安倍政権において一つの山場となったこの『安保法制』は、なぜ必要となったのでしょうか。

これまで、日本はイラクのサマワでの自衛隊の活動をはじめ、世界各国に何万人もの自衛隊員が派遣され、人道支援などで高い評価を得ていました。しかし、それでは解決できない事態の到来が予想されました。

たとえば、海外で日本人を乗せたアメリカ船が他国から攻撃された場合に、これまでは日本がアメリカ船を守るために敵国を攻めることはできませんでした。それをできるようにしようということです。

よく「集団的自衛権」とは、「自分たちの友人が殴られた時、一緒に戦うことができる権利」と考えられています。もちろん、友人が殴られている時に知らん顔をしていたら、今度はこちらが殴られていても、友人が一緒に戦ってくれないではないかというのは筋の通った理屈です。しかし、友人が誰かと喧嘩している時に、いつも一緒に戦うことになったら、かえって争いの危険が増すという考え方も間違いではありません。

どちらの態度をとることが、わが国の平和と安全に寄与するかという選択なのです。

「集団的自衛権」に対する政府の見解

２０１５年まで「集団的自衛権」に対して、政府はどのような見解を持っていたのでしょうか。内閣には法の番人ともいわれる「内閣法制局」が、１９６２（昭和37）年に設立されています。この法制局はいわば内閣が作る法律の整合性について、常に目を光らせている組織です。実際にその法律が憲法違反かどうかは裁判所が最終判断をするのですが、政府が出す法律が最高裁で「違憲だ」と判断されたら、それこそ大問題になり、損なわれる国益は計り知れません。そこで国会で成立する法律については、初めから「内閣法制局」が厳正に審査し、政府に意見を具申《ぐしん》します。したがって、国会で成立する法律に対して、後になって裁判所がＮＯを突きつけることはほとんどありません。

では、この「内閣法制局」は「集団的自衛権」についてどのような判断をしていたのかというと、長年にわたって「集団的自衛権は憲法9条違反である」という見解でした。そこで安倍元総理や当時の岸田外相（現首相）は、よくこのような事例を挙げていました。「中東のホルムズ海峡では、原油を積んだ日本のタンカーが多数航行している。このホルムズ海峡で、船を爆破するための機雷が設置されていた場合に、日本がそれを除去することは当然、集団的自衛権として認められるべきだ」と。

しかしこれは、従来の解釈では認められません。「集団的自衛権」を発動させ機雷を撤去するためには、それが可能だという解釈に変えねばなりません。

そこで安倍内閣は何をしたのか。それはこの法案成立の要である内閣法制局長官を、集団的自衛権容認派に替えたのです。

その人事は異例ではありました。というのは新長官の小松一郎は外務省出身で、内閣法制局とはそれまで関係はありませんでした。この小松が「集団的自衛権」に対して容認の立場をとっていたので、安倍内閣は任命したのです。もちろんこの人事自体は違法なものではありません。

ただ、この人事に対し、「そこまでやるか。禁じ手だ」という批判が猛烈に出てきたのです。当然、野党からは「いつどういう経緯で内閣法制局の見解が変わったのか」と追及され、そのやりとりがどこにも記されていないことも批判されました。ただ実際に安倍内閣では、当時国会で２００時間を超える議論をして、この『安保法制』を成立させています。

『安保法制』の審議に際し、多くの反対派の人たちが国会を取り囲み、反対デモが起こりました。その時、特に注目されたものの一つが、「ＳＥＡＬＤｓ《シールズ》」という学生団体です。正式名称を「自由と民主主義のための学生緊急行動（Students Emergency Action for Liberal Democracy-s)」といい、彼らは『安保法制』のことを「戦争法」と呼んで廃案を訴えました。

彼らをはじめ、政党でいえば共産党、社会党、民主党が大反対をしました。

もちろん政府も、アメリカに追随して戦争に巻き込まれることなどは望んでいません。政府の見解は、次の三つの要件が満たされた時のみ、「限定的に集団的自衛権が発動できる」というものです。

第一要件　我が国に対する武力攻撃が発生したこと、又は我が国と密接な関係にある他国に対する武力攻撃が発生し、これにより我が国の存立が脅かされ、国民の生命、自由及び幸福追求の権利が根底から覆される明白な危険があること

第二要件　これを排除し、我が国の存立を全うし、国民を守るために他に適当な手段がないこと

第三要件　必要最小限度の実力行使にとどまるべきこと

これだけを見ると、「至極もっともだ」という気もします。しかし、この文言の中の、何をもって「我が国の存立危機」とするのかという判断基準の曖昧さも批判の対象とされました。

先ほどの、ホルムズ海峡での機雷除去が、果たして日本の存立危機にあたるのかどうか。機雷を海中に設置した国から見たら、それを撤去する国は敵だとみなされ、そうすると日本は戦争に突入してしまうことになるのではないか、という懸念です。

エネルギーを中東に頼る日本にとって、ホルムズ海峡が機雷によって封鎖されれば、それが日本の存亡につながることは当然だと思います。しかし「何が我が国の存立危機なのか」ということが、時の権力者や与党によって勝手に決められ、国民の命が危険にさらされるという批判が、反対派の論調なのです。

また政府与党は、自衛隊の行動範囲についてのあり方を根本的に変えようとしていました。それまでの法律では「自衛隊がやっていい行動（**ポジティブ・リスト**）」について列挙されており、それだけでは不測の事態が発生した際に対処できません。むしろ「どんな事態が発生しても自衛隊がしてはいけないこと（**ネガティブ・リスト**）」を決めるべきだという方針で安全保障法制を制定しようとしました。

これも当然のことです。しかしこの考え方に対しても、「自衛隊と時の権力者が暴走するのではないか」という、およそ杞憂《きゆう》ともいえるような批判がなされていました。

『安保法制』の成立

この『安全保障法制』（『安保法制』）は、２０１５（平成27）年9月30日、与党の単独採決で可決されることになりました。当然この時、民主党や共産党は「国民の意思を無視した暴挙であり、立憲主義の破壊だ」と叫びました。『安保法制』が成立した後も、若者たちの反対運動は続くかに思われました。朝日新聞は「安保法制と民主主義　新たな『始まり』の日に」と題し、反対運動に対して「こわばった悲壮感は感じられない。むしろ前向きな明るさをたたえている。『結果』としてではなく、『始まり』としてとらえているのだろう」というコメントを残しています。そして「いまここにはない現実を自らの手で作り出していこうとする主権者一人ひとりの不断の努力が、この国の明日を希望で照らす」という言葉で締めくくっています。

ただこの運動は、法案成立をもって、潮が引くように一気に衰退していきました。もちろんその後も、まれに安保法制違憲訴訟が起こってはいますが、今やそれが国民的な課題として意識の俎上《そじょう》に上がってくることはありません。

護憲派から見れば、安倍政権のやり方は決して許さないということになるのでしょうし、憲法学者や法曹界などからもかなり厳しい反対意見が出されていました。

ただしこの反対運動は、かつての日米安保条約反対運動と同じく、確信的に取り組んでいた人たちよりも、「これは戦争法だ！」というある種の気分的スローガンのもとで運動に参加した人が少なくなかったために、法案成立以降、その活動はほとんど下火になっていったのです。

もしこの『安保法制』が国民の意思を無視したものであったのならば、その後の衆議院選挙で与党は負けたはずですが、2017年10月の衆議院選挙において、与党は313議席を獲得し、圧勝しています。

つまり国民は、「9条を守ることで平和を守れ」という声よりも、100発を超えるミサイルを持つ北朝鮮や中国の軍拡に対し、日本がアメリカと連携して平和を維持するという与党の考え方を支持したのでしょう。

ただ私としては、『安保法制』のなかで、仮に前述の「三つの要件」が遵守されたとしても、やはり限定的だとはいえ、集団的自衛権が行使されるというのは、現憲法のもとでは微妙だと思っています。もしこの安保法制を成立させるのであれば、その前に憲法9条を変えておかなければならないでしょう。

この『安保法制』に対しては、海外の反応もそれぞれでした。アメリカは、「このことによって日米同盟はかつてないほど緊密になった」と諸手を挙げて喜びましたが、当然中国は「いよいよ日本が9条の枠組みを踏み越えてきた」と猛反対でした。

安倍総理が200時間を超える国会審議の後に強行採決したのは、その時の国会で決着をつけ、次の国会の会期で気分一新して経済対策に取り組みたかったからでしょう。そして実際、その通りになりました。

『安全保障法制』における実際の運用

武器等防護《ぶきとうぼうご》とは何か

続いて、『安保法制』成立のもと、実際にどのように運用されていったのかをお話ししたいと思います。

『自衛隊法』95条に「武器等の防護」という記載があります。95条の2は同盟国（アメリカ）ならびに準同盟国の艦船や飛行機などを守る共同行動について記されています。

具体的に想定される場面は、およそ三つあると考えられています。

①弾道ミサイルの警戒を含む情報収集・警戒監視活動
②我が国の平和及び安全に重要な影響を与える事態に際して行われる輸送・補給等の活動

③我が国を防衛するために必要な能力を向上させるための共同訓練

武器等防護は2020年に25回実施されています。主にアメリカ軍に対する共同行動ですが、2021年にはオーストラリアを準同盟国として同国の軍艦を自衛隊の武器等防護の対象にしました。

今まで、幸いなことに何も戦闘は行われていません。しかし「守る」ということは「攻撃される可能性」を前提にしているので、これまで何もなかったことは幸いとしかいえません。

国家安全保障戦略

そしていよいよ「敵基地攻撃力を持つか持たないか?」という議論が出てきたのが2022（令和4）年12月の「国家安全保障戦略」と「国家防衛戦略」の閣議決定です。

国民としては、岸田総理が「防衛費をGDPの2%にし、予算が足りない分の1兆円を増税で賄う!」と唐突に提言したような印象があり、「なぜ今?」と多くの方が感じたと思います。ハト派のイメージがある岸田総理がこのことを明確に訴えたのは不思議な感じもしますし、国会を通さない閣議決定という形でこのような国家の柱を揺るがすような提言を行ったことには、いささかの驚きを禁じ得ませんでした。しかしその原文を読むと、これはかなり用意周到に進められ、決められたことが分かります。

ここで問題となっているのが「我が国が敵基地攻撃力を持てるかどうか？」ということですが、当然野党は猛反発し、「日本が戦後守ってきた平和主義が打ち破られる」と批判しています。

岸田総理は、「これは国民の命を守るための盾《たて》であり、決してこちらから先制攻撃をするものではない」と訴えましたが、敵基地攻撃力を持つというのはあきらかに防衛力であり戦力です。

それを「実力」だとか「必要最小限の装備」というようなまやかしは、もはや通用しないのではないかと思います。一方で、日本が自分たちの国を守るために相手の攻撃意図をくじくような敵基地攻撃力を保有することは、当然のことだとも思います。しかし現実を直視すれば、これがいささか的外れな議論であることも分かるでしょう。

中国にせよ北朝鮮にせよ軍事基地が一カ所なら、そこを攻撃することにも意味がありましょう。しかし現実には、何十もの基地があり、そこには日本に向けられたミサイルが無数に配備されている。また潜水艦には移動式の核ミサイルが搭載されていて海の中を徘徊している。つまり一カ所の基地を叩いたところで、反対に相手国から「先制攻撃だ！」と言われ、一斉にミサイルを撃ち返されたら、一瞬にして日本は灰燼に帰してしまいます。誤解を恐れずに言えば、敵国が持っている「日本を攻撃したい」という欲求を挫《くじ》くためには、日本の「持たず、作らず、持ち込ませず」の非核三原則の中の「持ち込ませず」をやめ、アメリカの原子力潜水艦を数隻レンタルし、「核シェアリング」をする以外ないかもしれません（この議論は今でも日本ではタブー視されているので、なかなかその実現は難しいでしょうし、日本がアメリカの属国になるという危惧もあるかもしれませんが……）。

もちろん議論としては、現憲法を前提としても敵基地攻撃力を持つことはできるといえるかもしれませんが、やはり憲法において、日本は「自国を守るために必要十分な国防力を保持する」という当たり前のことが明記されることこそが出発点であると思います。

２０２２年の「国家安全保障戦略」の意図は、まさに日本が中国・北朝鮮・ロシアという軍事強国に囲まれ、またアメリカとの防衛協力関係が見直されるなか、どうしても必要だということで出されたものでしょうが、現行の憲法を放置したままで、この計画が立てられているところに疑問を感じざるを得ません。

憲法9条はどのように改正されるべきか?

今こそ憲法改正の国民投票を実施すべき時

以上が今日までの、日本の防衛状況に対する変遷です。2020年8月に安倍総理が退陣し、菅義偉《よしひで》政権になり、さらに岸田政権が誕生しました。そして2022年7月の参議院選挙で与党自民党は憲法改正を掲げて戦いました。その選挙終盤、安倍元首相が凶弾に倒れるという大事件があり、その弔い合戦としての意味合いもあって、自民党を中心とした与党と憲法改正派の野党が大勝しました。

本来なら、憲法改正について岸田首相はそれを具体的なタイムテーブルに乗せるべきなのですが、それはまだ国民には見えていません。

憲法改正の手続きというのは、「憲法審査会」から原案が提出され、それが衆参両院で可決されます。その後その改正案が国民投票にかけられます。つまりこのプロセスのなかでは、岸田内閣への国民からの信任は一切関係がないのですから、恐れずにきっちりと進めていただきたいものです。

前述したように　私は基本的に9条を改正するべきだと思っていますが、護憲派を論外だと切り捨てているわけではありません。国家の未来に対してどのような判断をするかには、100％の正しさや間違いはないからです。

「憲法9条を守る価値」「憲法9条を守る危険」「憲法9条を変える価値」「憲法9条を変える危険」に関する自己の認識を点検し、自分の囚われを廃すること。そして国民一人ひとりが日本の未来を真剣に考え判断するために憲法改正の国民投票をすることが、国民主権の発露であると思います。

現政権は、今それをするべき立場に立っています。2022年から2025年までの3年間は、衆議院を解散しなければ基本的には衆議院選挙も参議院選挙もありません。もちろんさまざまな地方選挙や自治体の首長選挙はあるし、それが国政に影響を与えることはあるでしょう。また、衆議院の総選挙が行われる可能性も十分にあります。しかし政権与党は、その時々の選挙結果に対して右往左往してはならないですし、折々の経済状況によってこの憲法問題を後回しにしてはなりません。与党をはじめ、野党であっても、日本維新の会や国民民主党は憲法改正を公約に掲げて国政選挙を戦ったわけですから、その公約を無視するというのは立憲主義から外れていますし、国民主権を無視しています。

もし、任期満了までに解散総選挙が行われるとしたら、この憲法改正についてもっと明確な公約を掲げるべきでしょう。

「９条改正」の枠組み

そもそも「護憲派」とされる野党は、共産党も社民党も立憲民主党も立場は違えども言っていることは一つです。つまり「９条を守れ」です。これに対して「憲法を変える」という立場の人たちには、さまざまな考えがあり、なかなかまとまらないのが現状です。改憲派には、大きく分けると、４つの方向性があります。

第一の方向性が、まさに憲法改正の本丸である「憲法９条」単独の改正です。しかしこの「９条改正」も大きく三つの考え方に分かれます。

一つ目は、**憲法９条の第１項、第２項をそのままにして、「９条の２」を新設して「自衛隊を明記する」**という方法です。

二つ目は、「**９条そのものを全面改正する**」という方法です。

三つ目が、**９条の第１項を残し、第２項を削除または文言を変える**という方法です。

この三つが９条改正の考え方ですが、この９条単独での改正を掲げている政党はありません。

次に第二の方向性が、9条とともにそれ以外の条文についても改正しようという立場です。現在、自民党から出ている「憲法改正4提案」もそれにあたります。自民党の4提案というのは「9条改正」と合わせて「緊急事態条項の導入」「参議院の合区解消」「教育の充実」の4つです。また他の政党も9条を含めいくつかの改正条項を提案しています。これについては、後の章で、どのような条文が議題にあがっているのかをお伝えしたいと思います。

第三の方向性は、「9条の改正はハードルが高いので、あえて9条には触れず、与党も野党も乗れる改正条項を提出し、そこで国民投票を行う」という考え方です。これは、個人的に主張している議員はいますが、政党としてこの考えをとっているところはありません。

そして第四の方向性が、「9条改正」も含めて「**全く新しい憲法を作ろう**」という考え方です。「日本国憲法はアメリカ（GHQ）が戦後のどさくさにまぎれて勝手に作ったもので、国際法違反であり、いったん破棄して、制定し直すのだ」という思考です。これはかつて故石原慎太郎氏をはじめ保守派の人たちが持っていた思想でもあります。

さすがに戦後78年もたった今、このような考え方をする人は少数派になっていると思いますが、日本の歴史観に根ざした固有の憲法を作りたいという潮流は今もあります。そして今日まで自民党をはじめ、維新の会でもその草案が作られています。また読売新聞や産経新聞なども草案を発表しています。民間では日本青年会議所やＰＨＰ研究所なども、かつて国民に向けて提言したことがあります。それ以外にもいくつも草案が出ていますが、どれも真剣に考えられていて興味深い内容ではあります。

もちろん、これらの新しい草案は、よく見れば、現『日本国憲法』を破棄するという立場ではありません。時代に合わせて改正条項を全面的に盛り込む形です。ただ、一見すると現憲法をそっくり新しいものにしようという意図があるように思われます。

このように、憲法改正論議には４つの方向性があるのですが、やはりその中心は９条をどう改正するかであり、その考え方はさまざまです。ではそのなかで、自民党が提出している改正案について考察してみたいと思います。

自民党「９条改正」加憲案

自民党の「９条改正」案は、現行の９条の条文の後に、「第９条の２」として次の文言を入れる案です。

第9条の2　前条の規定は、我が国の平和と独立を守り、国及び国民の安全を保つために必要な自衛の措置をとることを妨げず、そのための実力組織として、法律の定めるところにより、内閣の首長たる内閣総理大臣を最高の指揮監督者とする自衛隊を保持する。

②　自衛隊の行動は、法律の定めるところにより、国会の承認その他の統制に服する。

この加憲案にはさまざまな批判がされていますが、確かにまどろっこしい表現だと思います。「自衛の措置をとることを妨げず」というと、従来の政府解釈が「自衛のための措置を妨げていた」ことになり、はなはだ不合理です。また、「武力」という言葉は使えないからといって、わざわざ「実力組織」という奇妙な表現になっています。

自民党としては、本当はこんな回りくどいことは言いたくないのでしょうが、同じ与党であっても、「9条を変えたくない」という思考の公明党の顔色を窺い、かつ一部の国民の軍事アレルギーへの配慮からこのような言い回しになっているのでしょう。

私は、加憲論ではなく、本来は正面から日本の国防のあるべき姿についてはっきりと述べて論戦するのが正論だと思います。

なぜなら、現行の9条そのものが、芦田修正の意味を知らない人が素直に読むと、「自衛隊と言おうが何と言おうが、軍隊らしきものの保有を禁じている」と読めてしまう可能性があるからです。

憲法第2章の「**戦争の放棄**」という章題は、やはり第2章「**安全保障**」とするべきでしょう。

そして私は9条を次のような文面にすればいいと思うのですが、いかがでしょうか。

日本国民は、世界の恒久平和を誠実に希求し、自らの国策によって引き起こされる戦争は永久に放棄することを誓う。

我が国は、世界の平和を守り、日本が侵害される危険が生じる他国からの武力攻撃を排除するために必要かつ十分な陸、海、空軍を含む自衛のための組織を保有する。その組織は内閣の首長である内閣総理大臣が統帥し、その権限の源泉は国民の主権から発する。また我が国は、世界の平和を達成するために、自由を守る国際社会との緊密な連携を保ち名誉ある貢献をはたす。

加憲にせよ改憲にせよ、ポイントは「自衛隊違憲論」に対して、これを最後に打ち止めにするということです。つまりこれまでの9条解釈で「個別的自衛権は違憲ではない」とか「個別的自衛権行使のための自衛隊の必要最小限の『実力』は、憲法でいう戦力にはあたらない」といった、なんとも嘘くさい議論に終止符を打つということです。

また、かつて国会でも安倍総理と野党議員の間で「自衛隊員の父親を持つ子どもが、学校で『お前の父ちゃんが勤務している自衛隊は憲法違反だ』と言われていじめられている」「いやそんなことはない」というような、実に不毛な議論がありましたが、とにかく自衛隊違憲論が前記の改正案でなくなることになります。

さらに、限定的集団的自衛権の行使がはっきりと示されることが必要です。中国や北朝鮮、ロシアといった日本をとりまく軍拡国家に対抗するために、正当な備えができることなどが憲法改正の主な論点でしょう。

護憲派からの批判

「9条改正」に対し、護憲派からどんな批判が出てきているのか。その論点を見てみます。

【第一の批判】改憲により日本の国家理念である恒久平和主義が破壊されるという不安。

とにかく、憲法が改正されると際限なき軍拡が起こり、アメリカの戦争に日本が巻き込まれる。もう二度とかつてのような悲惨な戦争が起きてはならないという疑念と不安。

【第二の批判】改憲により特にアジアに脅威を与え、不信を招く。

第二次世界大戦の反省が失われ、またアジアの脅威になり、日本の立場が損なわれるという批判。

【第三の批判】立憲主義の立場から見ても、自衛隊の活動がどのように法のもとに制限されるかが不明瞭であるという批判。

【第四の批判】「９条改正」がやがて徴兵制への道を開き、人々の人権が侵害されるという懸念。

【第五の批判】自民党は、「憲法が改正されても何も変わらない」というが、もし何も変わらないのであれば、わざわざ変える必要はないという批判。

【第六の批判】自衛隊がかわいそうだというが、すでに日本では自衛隊は認知されており、わざわざこれを憲法に明記する必要はないという判断。

およそ憲法改正への批判はこの六つに集約されるでしょう。

それぞれの批判には、それなりの理屈もありますが、誤解もあります。一つひとつ考察してみたいと思います。

【第一の批判】改憲により日本の国家理念である恒久平和主義が破壊される

日本が集団的自衛権を行使して同盟国との連携や結びつきを強くすると、戦争に巻き込まれる危険性が出てくるというのは一つの考え方だともいえます。実際に戦後日本は、国家として戦争に参加することによって、ただの一人も他国の人を殺してはいません。

確かに、集団的自衛権が発動されれば、どんなに慎重に行ったとしても、どこかで紛争に巻き込まれ、自衛隊の隊員が殺害されるか、また反対に「自衛隊が誰かを殺すか」という事態が生まれてくる可能性は、個別的自衛権の場合よりも大きくなるかもしれません。「憲法9条によって、戦後平和が続いていた」という考えは、「9条によって戦後日本が自衛隊を海外に派遣しても一切戦わず、国家として誰も殺していない」という意味ではあたっているかもしれません。しかし「憲法を改正することによって戦争が引き起こされる」というのは、全くの誤解です。

問題は、世界的に見て、今後、図らずも日本が他国（基本は中国と北朝鮮とロシア）から侵略を受けた時に、日本が同盟国とどのように連携を組み、平和を維持していくことができるのかということです。「日本は戦争をしません。武力を持ちません」と宣言することで、他国が「あなた方は戦争をしないのだから、私たちも戦争をしかけることは絶対にありません」と言ってくれるのなら、これほどありがたいことはありません。しかし戦争とは、たとえ侵略をしようとする国であっても、その国なりの言い分があって始まります。その言い分が、どんなに理屈に合わなくても、捏造《ねつぞう》であっても、「自分たちは正しいのだ」といって戦争は始まります。ロシアのウクライナ侵攻にも、ロシア側から見た正義が存在しているのです。その上で、「私たちは武器を一切持ちません。戦争はしません」という宣言だけで、国家としての恒久平和を保障できるのか、国民の生命・安全を確保できるのか、というのが憲法改正論議の肝なのです。憲法９条を改正するから日本が危険になるという批判はあたりません。

【第二の批判】改憲により特にアジアに脅威を与え、不信を招く

憲法を改正することによってアジアにどんな影響が発生する可能性があるのか。ここには、もともと戦争に対する認識の違いが根底に流れています。「日本はアジアを侵略した悪い国だ」という自虐史観と、「私たちは、欧米の植民地支配からアジアを解放しようとした。それがアメリカにはめられて戦争に突入してしまった。アジアでは中国と朝鮮半島以外の国は日本のことを尊敬している」という歴史観とが対立しています。とにかく首相をはじめとする国会議員が靖国神社に参拝するだけでも、中国から激しい批判が来るくらいですから、憲法を改正するとなると、どんな非難をしてくるか分かりません。

そして中国などからの巧妙な情報戦がアジアで展開され、日本が言われなき孤立状況に陥る可能性がないとは言い切れないでしょう。

しかし、そのような情報戦に屈しているようでは、そもそも日本の平和を守ることは難しいのではないでしょうか?


【第三の批判】自衛隊の活動がどのように法のもとに制限されるかが不明瞭である

さて第三の批判は、立憲主義の立場からです。自衛隊の暴走という危惧を叫ぶ人もいますが、かつての『大日本帝国憲法』下においては、天皇陛下がすべての軍の統帥権を持っていることになっていたために、軍部が国政を担う文民たる政治家のコントロールを逸脱することは事実として存在しました。

今の憲法下においては、軍の規定はないので自衛隊法上の規定しかありません。しかし仮に憲法改正によって自衛隊が明記された場合でも、内閣総理大臣が自衛隊の総司令官を担う以上、内閣総理大臣は国民の選挙によって誕生するので、軍が暴走することは、組織のあり方上、考えられません。

もちろん「絶対」ということは言えません。叛逆もあれば、クーデターもあるかもしれません。しかしそれをいうのなら、現在でもその危険はあるのであって、憲法を改正したら、自衛隊が暴走する可能性が高まるというのは、論理上、全く整合性はないでしょう。

【第四の批判】やがて徴兵制への道を開き、人々の人権が侵害される

「徴兵制の復活の可能性」についてはいかに考えるべきでしょうか。

憲法に自衛隊が明記されることと、徴兵制の導入は、基本的に関係はありません。世界の趨勢《すうせい》を見ると、徴兵制ではなく志願制をとっている国の方が大多数です。

徴兵制といっても、高度な情報戦や、ハイテク武器で戦う現代では、竹槍を持って敵地に突っ込む白兵戦など何の役にもたちません。突然「お前これから戦争に行け」と言われても、今の若者が「はい分かりました」と言ってお国のために戦うというのは想像できませんし、彼らが現場に行っても、事態を混乱させるだけで意味がありません。

さらにいえば、そもそも『日本国憲法』には18条で「何人も、いかなる奴隷的拘束も受けない。又、犯罪に因る処罰の場合を除いては、その意に反する苦役に服させられない」と明確に記されており、徴兵制が実現する余地はありません。もちろんもっと根本的には、この18条が徴兵制導入阻止の根拠にすらならないという考えも納得できるものです。とにかく「憲法改正で徴兵制が復活する」という批判は、なんら根拠はないといえましょう。

【第五の批判】何も変わらないのであれば、わざわざ変える必要はない

「自民党はよく『憲法を変えても何も変わることはないので心配しないで』ということをいうが、何も変わらないのなら、わざわざ手間暇かけて憲法など変える必要などない。そもそも憲法を変えなくても集団的自衛権も行使できるようになっているではないか。文言だけ変えても意味はない」という考えです。

何も変わらないといっても、少なくとも憲法を改正すれば「自衛隊違憲論」は消滅することになります。また国家を守ることは、国家の最も大切な使命であると明言することにより、国民の国防に対する意識も変わると同時に、「国防力」を「実力」などという曖昧な表記にせざるを得ない状況もなくなります。そして国会における、国家の安全を守るという本質からかけ離れたような不毛な議論はなくなり、本当に必要な政策がとられるようになるでしょう。

【第六の批判】すでに日本では自衛隊は認知されており、わざわざ明記する必要はない

今、自衛隊は災害救助などの現場で大活躍し、国民的にも認知度は高く、最近の内閣府の世論調査を見ても自衛隊の存在に対して9割を超える人たちが良い印象を持っています。し

かしそれにもかかわらず、学界や政党の中に、自衛隊違憲論を主張する組織や人がいることも紛れもない事実です。先述したように、９条の文言からは、確かに自衛隊の存在が許されないように見えることも事実です。自衛隊が災害救助隊というならば、それはそれで国民は認識しているとは思いますが、それが他国から日本を守る存在としてどう位置付けられているのかは、全く別次元の解釈であり、このような曖昧さにはここで終止符を打つべきだと思います。

２０２３年5月、私は沖縄の石垣島を訪れました。その時、４月にできたばかりの陸上自衛隊の駐屯地を見学させていただいたのですが、まさに台湾を目と鼻の先に見据えた石垣島で、日本を守ることに命をかけておられる自衛隊員の方々にお会いしながら、深い感謝の念が湧き上がってきました。日本を守る存在である自衛隊を、その存在としてしっかりと認識するのは、当然のことでありましょう。

以上が「9条改正」に対する批判へのコメントですが、「9条改正」の国民投票が行われる時には、こういったことが議論されることになります。あなたはこれらの議題に対して、どのような判断を下しますか？

私たち国民には憲法9条改正について、深く見つめ、賢明な判断をしていく責任があるでしょう。

国家緊急事態条項は必要か否か？

さて、この「９条改正」問題に関連して特に大きな論議を呼びそうなのが、「国家緊急事態条項」の導入です。

多くの方にとって、「緊急事態条項」といっても具体的なイメージがなかなか出てこないかもしれません。しかし、日本が緊急の危機に陥った時に、迅速な決断をしなければならない状況が今後生まれる可能性があることは、多くの人が皮膚感覚として認識していると思います。この条項の導入は、自民党が「９条改正」と同様に力を入れている項目です。

緊急事態というのは、国家において緊急かつ大規模な危機状況が発生し、国会の審議を経る時間的余裕がない時に、内閣に権限を集中させ、ある意味憲法で保障されている「基本的人権」を一時的に制約し、国民の生命を守るために適切な措置をとることができる条項のことです。特に、外国からの武力攻撃、大規模テロ行為または大災害など、国家の存亡に関わる問題が発生した時、つまり有事を想定したものです。

実際に、この「緊急事態条項」は、世界の憲法を見渡すと90％以上の国で導入されています。国家が緊急な危機に直面した時に、国会で審議する猶予がないこともあるでしょう。一時的に権限が総理大臣に集中することを認めるのは、国家の危機管理上、当然あってしかるべきだという考え方がこの条項導入の背景にあります。

過去のケースを振り返ってみると、かつて阪神・淡路大震災が起こった時に、自衛隊が緊急出動すべきところ、災害が起こった自治体からの要請がなかったために、初動が遅れたともいわれています。もちろん『自衛隊法』83条2項によって自治体からの要請がなくても自衛隊の派遣は可能なのですが、当時の社会党の村山富市内閣はその判断をしませんでした。

また大災害では、状況によって個人の所有物を破壊したり、撤去したりしなければならない事態も出てくるでしょう。しかし、その個人の所有者の意思を確認するまでは、移動も撤去もできないとなれば、そのせいで災害規模が拡がることはありえます。東日本大震災時には流れ着いた自動車の処置をめぐって『日本国憲法』29条の「財産権」の不可侵条項との関係が問題になっていました。

あるいは今後、他国から突然侵略を受けた場合に、その侵略ルートを防衛上遮断するため、故意に橋を破壊する必要性も出てくるかもしれません。それを瞬時に判断しなければならない事態こそが「緊急事態」であって、有事の際に迅速かつ適切な対応がとれることを想定した条項です。

もちろん立憲主義からすれば、国の政策は国会で審議をして決められるのは当然ですが、それが許されない事態が発生した時に、国民の生命と国家の存続をいかにして守るかは、平時から想定しておく必要があります。

もとよりこの「緊急事態条項」というのは、時の権力者が自由に権力を振るい、国民の基本的人権をないがしろにして良いということではありません。当然、緊急事態が解除されれば、国家として国民への補償もなされなければなりませんし、後に国会への説明と承認を受けなければならないのは当然のことです。

また、もし武力攻撃や大災害が起きた時に、衆議院議員や参議院議員の任期満了で選挙をしなければならない状況になっていたとすると、危機に対する対応ができなくなる可能性もあります。そこで、「緊急事態の間は衆議院議員の任期を延長できる」ことを定める条項が必要になってきます。

そして、国家存続の危機が訪れた時には、政府が国会の審議を経ずして、政策を決定し実行するとともに、いったん「憲法で定められている人権」を制限できるということなのです。もちろん、現行憲法でも、公共の福祉に反した場合は、人権を制限することは可能です。しかし現状のやり方では、その政策を実施するためのスピードや効果が後手に回り、中途半端になるおそれがあります。

これらのことを前提としながら、今、自民党がどのような「緊急事態条項」を提言しているのか、２０１８年の「素案」をお伝えし、それに対する私のコメントを述べたいと思います。

第73条の2　大地震その他の異常かつ大規模な災害により、国会による法律の制定を待ついとまがないと認める特別の事情があるときは、内閣は、法律で定めるところにより、国民の生命、身体及び財産を保護するため、政令を制定することができる。

②　内閣は、前項の政令を制定したときは、法律で定めるところにより、速やかに国会の承認を求めなければならない。

第64条の2　大地震その他の異常かつ大規模な災害により、衆議院議員の総選挙又は参議院議員の通常選挙の適正な実施が困難であると認めるときは、国会は、法律で定めるところにより、各議院の出席議員の三分の二以上の多数で、その任期の特例を定めることができる。

このような国家緊急権は、現在多くの国で導入されていますが、この自民党案を見て違和感を持つのは、この緊急事態を「大規模災害」に特定していることです。

国家の存亡に関わる事態というのは、外国からの武力攻撃やテロ、またはサイバー攻撃なども含まれて当然でしょうし、また今後も新型コロナウイルス感染症以上のパンデミックが発生しないとも限りません。

それにもかかわらず「地震やその他の異常かつ大規模な災害」に特定している意味が分かりません。それとも与党のなかで何らかの忖度《そんたく》が働いて、意図的に「外国からの武力攻撃」の文言が入れられなかったのでしょうか？

私は、次のような文言が妥当だと思います。

①　我が国において、サイバー攻撃を含む外国からの深刻な武力攻撃及び、国家の存亡を揺るがすテロ行為、また大地震や風水害などの国家的に大規模な災害などが発生した場合には、内閣総理大臣は、国民の生命、財産を守るために法律の定めるところにより、国家緊急事態を宣言することができる。

②　内閣総理大臣は、国家緊急事態の宣言に基づいて、国家の危機を回避するために必要な措置を講じることができる。

③　内閣総理大臣が宣言する国家緊急事態は、国会を召集する暇がないときにのみ発令され、事後には必ず国会の承認を得なければならない。

いかがでしょうか？　いずれにしても大切なことは、もしこの「緊急事態条項」が憲法改正の議題に上がったとするなら、それを最終的に判断するのは国民だということです。

憲法改正の国民投票が行われる際には、この緊急事態条項の是非も問われることになる可能性は高いと思います。

国家緊急事態条項導入に対する批判

しかし、この「緊急事態条項」の導入に対して、いくつかの批判が起こっています。その理由は概ね3点に集約されます。

一つは、「緊急事態条項」によって生まれた最悪のケースが、アドルフ・ヒトラーの誕生だというものです。

ドイツでは、第一次世界大戦敗北後の１９１９年8月に公布された、いわゆる『ヴァイマル憲法』の48条2項において、いざという時に、大統領に権限が集中する緊急事態法が定められていました。

少し長くなりますが、この48条を記します。

「ドイツ国内において、公共の安全および秩序に著しい障害が生じ、またはその恐れがあるときは、ライヒ（国家）大統領は、公共の安全および秩序を回復させるために必要な措置をとることができ、必要な場合には、武装兵力を用いて介入することができる。この目的のために、ライヒ（国家）大統領は、一時的に第114条（身体の自由）、第115条（住居の不可侵）、第117条（通信の秘密）、第118条（言論の自由）、第123条（集会の自由）、第124条（結社の自由）、および第153条（財産権の保障）に定められている基本権の全部または一部を停止することができる」

ヒトラーは1933年1月に首相になるや、2月には非常措置権限を発動し、憲法が保障する基本権を停止しました。しかも3月にはいわゆる『全権委任法』といわれる「民族および国家の危機を除去するための法律」を定めたのです。これによりヒトラーは議会の制約なく勝手気ままに国家運営を行うことができるようになってしまいました。つまり「緊急事態条項がヒトラーを生み、世界最大の悲劇が生まれた」という考え方です。

しかし本当のところは、『ヴァイマル憲法』の持つ本質的欠陥と、第一次大戦後における過度な賠償によって国民の間に生じていた鬱屈感がヒトラーを生み出した最大要因であり、決して「緊急事態条項」の存在がヒトラーを独裁者にしてしまったわけではありません。

一方、この国家緊急権が日本においてはどのように扱われていたのかというと、実はかつての日本では、『大日本帝国憲法』下で何度も発動されています。当時は天皇が緊急勅令や戒厳の宣告などの国家緊急権を行使できることが憲法で定められていました。かつて天皇の名のもとで、緊急勅令、戒厳令が濫発され、国民の人権が侵害されたと考える人たちも少なくありません。『日本国憲法』では、戦前への反省のもと、この「緊急事態条項」はあえて盛り込まれることはなかったのであって、これを復活させたら、また軍国主義の道に戻ってしまうという危惧を感じたのです。

また今回のコロナ禍でいうと、もし国家が「緊急事態条項」を発動させて「『全国民は新型コロナウイルスワクチンを打たなければならない。そうでなければ逮捕する』となれば、ワクチンを打たないことを決めている人の人権や自由が蹂躙される」と批判する人たちもいます。しかし、これは実際には起こり得ない、荒唐無稽な話です。

緊急事態条項の導入に対する二つ目の批判は、国家緊急権を発動することで、政府にフリーハンドを与えるのではなく、平時においてテロや大災害または戦争が起こった時に「どう対応したらよいのか」を詳細に決めておくことが大切だという考え方です。緊急事態への対応を事前に準備していなければ、緊急事態が起こっても有効な対策はとれないという批判です。

「緊急事態条項」を導入しようとする意図は、与党内では以前からありましたが、自民党がそれを強く言い出したのは、東日本大震災以降のことです。「今後、南海トラフ地震や首都直下型地震が起こったら、一体どうするのだ」と主張しているのです。

しかし批判する人たちは、「東日本大震災の時に『緊急事態条項』があったからといって、一体何ができたのか」という疑問を呈しています。実際の緊急事態には政府に大きな権限を付与することが国民を守るのではなく、不断に緊急時には何をするべきかを法律で決めておくことのほうがより重要であるという批判です。しかし緊急事態というのは法律で定めた想定を超える事態のことをいうのですから、この批判は問題の次元が違うといえましょう。

三つ目の批判は、衆議院の任期の問題で、現行の憲法においても、仮に緊急事態が衆議院選挙と重なったとしても、参議院を緊急で召集することは可能であり、「緊急だからといって衆議院の任期を勝手に延ばすのは立憲主義の冒瀆《ぼうとく》だ」という批判です。

もし与党が憲法改正を発議して、そのなかで緊急事態条項の導入を意図したとすると、これらのことが議論されることになります。

「緊急事態条項」に対してはさまざまな考え方があります。しかし、この条項の導入が新たなヒトラー誕生の道を開くのではないかというのも一つの考え方かもしれませんが、「今日90％以上の国で『緊急事態条項』が導入されていても、ヒトラーは生まれていない」ことも事実なのです。

最後は、私たち国民がこの「緊急事態条項」を、どうとらえるかにかかっているといえましょう。私は、世界中の国々で、国家の緊急事態においてどう対応するかということが普遍的に規定されているのを見るにつけ、日本の憲法にこれがないことは非常に問題だと思っています。また内閣・政府にフリーハンドを与えてしまうという批判もありますが、「緊急事態条項」が発動したあとにも国会の承認を要しますし、当然その時の内閣の決断が国民の納得が得られないものであれば、次の選挙で緊急時における対応が必ず選挙時の案件になり政権交代が行われるので、これもまた独裁にはなりません。

初の憲法改正の国民投票では、この条項が取り上げられる可能性は高いと思います。

この第三章では、「国民の生命」と「領土」と「財産」を守るために最も必要な国防に関する「９条の改正」と「緊急事態条項の導入」について考えてきました。

最後は私たちの判断になります。これからも日本が平和に存続するためにどうしたらよいのか、その未来は私たちの手に握られているといえましょう。決して「自分たちには関係ない」と無関心を装うことはできないのです。

第四章

憲法改正における9条以外の7つの論点

本章では、憲法改正を考えるにあたり、9条以外に議論すべき7つの論点を挙げたいと思います。もちろんこれ以外にも多くの論点がありますが、大きなものをいくつか考察していきます。

第1の論点
憲法前文と日本の志

私は、中学生の時に憲法の前文を暗誦させられた記憶があります。その時は、何の疑問も抱かなかったのですが、後に『日本国憲法』の成立過程を知るにつけ、いろいろな疑問が湧いてきたものです。

もちろん「前文」は、「これを改定しないと日本がダメになる」というようなものではありません。前文は国によって、自国の歴史や理念がかなり書き込まれているものもあれば、あっさりしているものもあります。

今の憲法の前文に間違ったことが書かれているわけではありませんが、逆に、この前文には日本という固有の国家を表す理念は、全く書かれていません。それこそ、どこの国にも当てはまる一般的な人類の行動規範が書かれています。『日本国憲法』の成り立ちについては

第一章で詳細に述べましたが、この前文は、アメリカの「独立宣言」や合衆国憲法などの文言の切り貼りによって構成されていることが分かります。

いくつか、その類似点をあげてみましょう。

前文の中の第1段に「われらとわれらの子孫のために、諸国民との協和による成果と、わが国全土にわたつて自由のもたらす恵沢を確保し、政府の行為によつて再び戦争の惨禍が起ることのないやうにすることを決意し、ここに主権が国民に存することを宣言し、この憲法を確定する」と書かれています。これは合衆国憲法の次の前文からとられたものです。

「われらとわれらの子孫のために自由のもたらす恵沢を確保する目的をもって、ここにアメリカ合衆国のために、この憲法を制定し確定する」

さらにいえば、やたらに一文が長いのは、この文言がもともと英文で書かれていて、それを和訳したために、日本語として歪なものになってしまっているためです。

また、次に出てくる「国政は、国民の厳粛な信託によるものであつて、その権威は国民に由来し、その権力は国民の代表者がこれを行使し、その福利は国民がこれを享受する」という一節は、アメリカ16代大統領エイブラハム・リンカーンが１８６３年11月にゲティスバーグで行った、「人民の、人民による、人民のための政治を滅ぼしてはならない」という有名な演説が下敷きになっています。

また「平和を愛する諸国民の公正と信義に信頼して……」という、日本語として文法的にもおかしい文言は、マッカーサー・ノートの「日本は、その防衛と保護を、今や世界を動かしつつある崇高な理念にゆだねる」からとったものです。

後半に出てくる「われらは、平和を維持し、専制と隷従、圧迫と偏狭を地上から永遠に除去しようと努めてゐる国際社会において、名誉ある地位を占めたいと思ふ」という文言は、第二次世界大戦中、アメリカ大統領ルーズベルトとイギリス首相のチャーチル、そしてソ連共産党書記長のスターリンによって結ばれた「テヘラン宣言（1943年）」に出てくる「われらは、その国民が、われら三国国民と同じく、専従と隷従、圧迫と偏狭を排除しようと努めてゐる大小すべての国家の協力と積極的参加を得ようと努める」という文言の引き写しです。

さらに「われらは、全世界の国民が、ひとしく恐怖と欠乏から免かれ、平和のうちに生存する権利を有することを確認する」というのは、これも第二次世界大戦中、ルーズベルトとチャーチルとの間で交わされた「大西洋憲章（1941年8月）」の中に出てくる「すべての国のすべての人類が恐怖及び欠乏から解放されて、その生命を全うすることを保障するような平和が確立されることを希望する」に由来しています。

そして最後の「日本国民は、国家の名誉にかけ、全力をあげてこの崇高な理想と目的を達成することを誓ふ」という締めくくりは、１７７6年7月に発せられた『アメリカ独立宣言』の「われらは、われらの神聖な名誉にかけ、神の摂理の保護に強く信頼して、この宣言を擁護することを誓う」という言い回しと一緒です。

いかがでしょうか？　『日本国憲法』の前文には、人類にとっての普遍的な価値が述べられているのですが、これらの文言が日本人の「主体的意思」から生まれたものではなく、すべてが借り物の言葉であることがお分かりいただけると思います。

「誓う」という言葉は、それを使う主体者が十分な意志力を発揮して決意することを意味しますが、憲法はアメリカの主導で作られたものであり、そこに日本人の真の意味での思いが反映されているとは到底いえません。

そもそも、憲法は英語の constitution の翻訳であり、本来「構造」とか「体質」「組織」という意味を持っています。つまり、国家の「あるべき姿」を表したものだともいえるのです。

『アメリカ合衆国憲法』では「正義の樹立」や「共同の防衛」「自由恵沢の確保」などアメリカらしい理念が前文に書かれています。

韓国では、自らの国の歴史の誇りが謳われ、「正義、人道および同胞愛による民族の団結」が宣言されています。

中国の憲法では、まず「世界で最も古い歴史をもつ国家であり、中国の各民族人民は輝かしい文化を共同でつくりあげた」と胸を張り、「中国人民は、国家の独立、民族の解放、民主主義と自由のために、先人の屍を乗り越え突き進む勇敢な戦いを続け、20世紀に入って天地を覆すような偉大な歴史的変革が起こった」と、共産主義国家の樹立を「天地を覆すような」という表現で自画自賛しています。

どの国も程度の差はあれ、その国の歴史的な価値を憲法に盛り込むものですが、日本国憲法にはそのような記述は皆無です。

過去の歴史に触れた部分といえば、「政府の行為によつて再び戦争の惨禍が起ることのないやうにすることを決意し」という、大東亜戦争時の反省が述べられているのみです。

日本は、歴史上万世一系の天皇をいただきながら、アジアで唯一独立を保った稀有な国です。またお互いを助け合い、礼の精神をもって平和な世の中を守ってきたことや、山紫水明に恵まれ、戦後、奇跡の復興を遂げたことなど、自らの国家に対して、誇りや愛着を持てるところはいくつもあります。

しかし戦後の混乱期のなかで、かつての日本の思想をすべて捨て去るために作られた憲法には、日本の過去を讃える文言は一言も入れてはいけなかったのでしょう。その意味では、今後の憲法改正論議においては、「改正」をするのではなく、新しく憲法を「創成」するべきだという人たちの考え方もよく分かります。

今までも、多くの政党やグループが「新憲法草案」を発表し、それぞれが工夫をこらして、日本の未来を語ろうとしています。

憲法の前文を、日本人に固有の誇りあるものに変えることには、私は大いに賛成です。前文の改正が衆参両院それぞれで可決され、国民投票にかけられ、人々が喜んで国家の理念が記された「前文」を受け入れるのならば、それは喜ばしいことだと思います。しかしそれぞれの政党やグループあるいは個人がこの「国家の理念」に対して些細なことにこだわっていては、憲法を変えることはできないでしょう。

ただいつの日か、憲法の前文において日本人らしい国家理念を堂々と掲げられる日が来ることは、私自身の個人的な願いでもあります。

第２の論点　参議院の合区解消

これは自民党が掲げる４つの憲法改正草案の一つですが、この改正案が意味しているところろは何でしょうか？

昨今地方の人口減少が激しく、参議院選挙において「一票の格差」をできる限り是正する動きが活発です。地方のなかには県をまたいで一つの選挙区にしないと、憲法の「法のもとの平等原則」に抵触しかねないところもあり、そこで二つの県の参議院選挙区を合併し、合区にした経緯があります。

これはこれで一つの考え方ですが、そうすると、一つの県から参議院議員が一人も選出されないということも起こります。今まで合区が導入された地域では、投票率が極端に低下しました。そこで「地方の時代といわれながら、地方が置き去りにされてしまうのではないか」という懸念から合区解消が主張され、自民党はこれを憲法改正に盛り込もうとしているのです。

この合区解消に対しては、全国知事会からも強い要望が寄せられています。

一方で、合区解消に対しては、三つの批判があります。一つは、根本問題として「**一票の格差問題**」との整合性です。合区を解消すると、どんなにその県の人口が減っても、必ず参議院議員が選出されることになります。すると、一選挙区の有権者が多い都市部とで比較すると、一票の格差が3倍、4倍と広がりかねないのです。

二つ目は、この合区解消は、地方を地盤とする自民党にとって有利な制度だという批判。そして三つ目は、「そもそも国会議員は全国民の代表であり（憲法43条）、県の利益を代弁するものではない」という発想による批判です。それこそ参議院を「全国知事会」の変形のようなものにし、国会における衆議院との立ち位置を根本的に変えるのなら分かりますが、単に合区を解消したとしても理論としての整合性を持たないという批判です。

参議院の「参議」とは「政治上の議事に参加すること（人）」という意味ですが、現在、参議院議員は衆議院のカーボンコピーになっていると感じる人も多いのではないでしょうか？　また「衆議院に落選したから参議院に出馬しよう」と考える候補者も少なくありません。

よくいわれるように、参議院が衆議院と同じ判断をするなら二院制の意味はないですし、また参議院が衆議院と違う判断をしたら、それは民意をねじまげて邪魔であると揶揄《やゆ》する人もいます。もし参議院が「良識の府」というのなら、そのような人選が行われなければならないでしょうが、現状を考えると参議院議員が衆議院議員よりも良識を備えていると、胸を張っていえないのではないでしょうか？

また、別の角度からの批判として、「合区解消には賛成だが、これを憲法に盛り込む必要はない」という考え方もあります。これも一理です。自民党としてはこの改正条項を盛り込むことで、地方の有権者がこぞって投票に行き、その延長で、合区問題とは直接関係がなくても、「9条改正」など他の改正条項も「賛成」してくれるのではないかという思惑もあるのかもしれません。

私個人としては、9条問題と比較すると、この合区解消の議題は国家問題におけるレベル感が違うとも思いますが、自民党はこれを草案の一つの柱として掲げています。

第3の論点 26条の改正と教育の無償化

自民党が掲げる四つの憲法改正草案におけるもう一つの柱が「**教育の充実**」です。

『日本国憲法』では26条で教育について次のように記されています。

第26条　すべて国民は、法律の定めるところにより、その能力に応じて、ひとしく教育を受ける権利を有する。

②　すべて国民は、法律の定めるところにより、その保護する子女に普通教育を受けさせる義務を負ふ。義務教育は、これを無償とする。

非常に真っ当な文言ですが、ここに自民党は第３項として次の文言を入れようとしています。

「国は、教育が国民一人一人の人格の完成を目指し、その幸福の追求に欠くことのできないものであり、かつ、国の未来を切り拓く上で極めて重要な役割を担うものであることに鑑み、各個人の経済的理由にかかわらず教育を受ける機会を確保することを含め、教育環境の整備に努めなければならない」

これを読む限り、なぜこの文言を憲法改正でわざわざ入れなければならないのかよく分かりませんが、おそらく高等教育の無償化を進めていく上で「日本維新の会」の協力を得るために、同党の憲法改正原案に自民が近寄った形なのでしょう。

かつて、民主党政権時代に「高等教育の無償化」が取り上げられたことがありましたが、これに対して自民党は「ばら撒きだ」と大反対した経緯がありました。これを大学にまで広げたら、予算はどうするのか、全入にすると教育の低下はどうなるのかといった批判も多く見られます。また、わざわざ憲法改正で打ち出さなくても、もし本気でやるつもりなら予算措置で対応できるという意見も根強くあります。さらに、「高等教育の無償化」を憲法に明記したら、それが実現できない時に、「違憲訴訟」が頻発する恐れも出てくるかもしれません。

もう一つ、教育に関係する条項で89条の改正についても触れておきましょう。

89条にはこう記されています。

第89条　公金その他の公の財産は、宗教上の組織若しくは団体の使用、便益若しくは維持のため、又は公の支配に属しない慈善、教育若しくは博愛の事業に対し、これを支出し、又はその利用に供してはならない。

この中で「公の支配に属しない」という表現は、あまりよく分かりません。この条文も英文を日本語に訳しているために、このような妙な表現になっており、これだと「私学助成」ができないから、変えるというのです。

自民党案は次のようになります。

「公金その他の公の財産は、国若しくは地方自治体その他の公共団体の監督が及ばない慈善、教育若しくは博愛の事業に対して支出し、又はその利用に供してはならない」

私学というのは、当然「公の支配」から離れているから私学なのですが、私学といえども国や地方公共団体からある程度の関与は受けているので、「私学助成」をすることは違憲ではないと解釈されています。しかし、やはり「『私学』という言葉と『公の支配』という言葉は、どう考えても矛盾だ」ということで、それを「公の監督が及ばない」という表現に変えているのです。

私学助成に関しては、この改正の表現は間違いではありません。ただ、今までの慣例で行ってきた状況を破り、ここで89条をどうしても変えなければならないという必然性はあまり感じられないのも正直な感想です。

また、これは現実からは全く乖離した話ですが、89条の改正によって「自民党は靖国をはじめとした宗教団体への資金を出しやすくする魂胆だ」というおよそ的外れな見方をする人も存在します。

さらには、宗教団体が設立している私立学校への助成は、二重の意味での憲法違反だという考え方もあります。

このようにいろいろな視点はあるものの、教育が国の命運を左右する非常に大きな議題であることは間違いありません。国民が一度、教育について憲法という視点で深く考えてみることも、重要であろうと思います。

第4の論点
国民が選ぶ総理大臣と憲法改正

この論点は、私の個人的な思いですので、これが憲法改正の俎上に上がっているわけではありません。

日本は、議院内閣制の国です。アメリカなどの大統領制とは違い、国民が直接に総理大臣を選ぶのではなく、国会議員の過半数が投票した候補者が総理大臣になります。私たちはこれを疑いもなく受け入れています。

しかし、本来国の代表である総理大臣は、間接的であっても国民の意思に基づいて選出されるべきではないでしょうか？

現状では、衆議院選挙の後、最初に開かれる特別国会で「首班指名」が行われ、総理大臣が決定します。その前の衆議院選挙で各党が「私たちは○○さんを首相候補にします！」ということを公約に掲げ選挙をし、その選挙結果に従って総理が選ばれたとしたならば、それは国民の意思といってもいいでしょう。しかし、もし衆議院の任期の途中で総理が辞任した場合に、次の総理が与党の中で「たらい回し」にされ、公約が大きく変わっても、憲法上問題はないことになります。ということは、極端な話をすれば、衆議院の4年の任期のなかで一年ごとに総理が代わっていっても、国民は一切文句を言えないということになります。

では、憲法には総理大臣の選出方法はどう記されているでしょうか？

第67条　内閣総理大臣は、国会議員の中から国会の議決で、これを指名する。この指名は、他のすべての案件に先だつて、これを行ふ。

総理大臣は「国会議員の中から選ばれる」とされていますが、内閣不信任決議案は衆議院だけに認められているので、基本的には内閣総理大臣は衆議院議員の中から選ばれることになっています。そして実際にこれまですべての総理大臣は衆議院議員から選ばれています。

私たちはそのことを「当たり前だ」と思っていますが、実際には、「どうしてこんな人が？」という人が総理になる場合もあります。そして、国会の中だけで総理が選ばれた場合に、その後すぐに隠れたスキャンダルが噴出することもあります。

私は、総理大臣はあくまでも国民との約束のもとに選ばれるべきだと思います。つまり総理大臣が辞め、公約が変わる時には、同時に衆議院の総選挙を行うべきだというのがその主張です。

その観点から憲法を変えるとすると次のようになります。

内閣総理大臣は、衆議院議員総選挙後に開かれる特別国会において、国会議員の中から国会の議決でこれを指名する。この指名は、他のすべての案件に先立ってこれを行う。

この選出方法は、大統領制でも首相公選制でもなく、議院内閣制のまま、国民が総理大臣を選出したことになる制度です。

衆議院選挙においては、各党各候補は、「公約」と「首相候補」を明示して選挙を戦うことにより、選出される総理大臣は国民の意思を背景にして政権運営を行うことになります。

さて、憲法をこのように変えると、具体的に総理大臣の選出はどうなるのでしょうか?

2020年8月に第二次安倍政権がその終焉を迎え、菅政権に移行しましたが、結局新型コロナ対応やオリンピック対応の混沌のなか、一年足らずで岸田政権になりました。しかし実際には、菅政権は、かなりの仕事を成し遂げたということで玄人筋には評価が高いようです。

ただその当時、菅総理のアピール不足もあり、国民からの人気は低迷し、与党内からも「これでは選挙が戦えない」という声があがり、あえなく撃沈してしまいました。

当時、私が提案する新方式を採用していたとすると、次のようなプロセスになります。

まず安倍総理が辞任を決意した時点で、与党内（自民党）で総裁選が行われ、選挙公約が討議決定されます。その時に自民党総裁として新しく菅氏が選出されたとします。実際の衆議院選挙の解散は安倍総理が行い、自民党は菅総裁が総理になることを目標にして衆議院選挙を戦います。その結果、与党が過半数の議席を確保した場合、新たに召集される特別国会で「菅総理」が首班指名を受けて総理になるのです。

もしこのようなプロセスを踏んで菅氏が総理になっていたら、新型コロナ問題やオリンピック問題は乗り越えていったと予想されます。また菅氏が総理を辞任することになったら、再び与党内で総裁（代表）選挙を行う。その後、菅氏が衆議院を解散し、与党の新総裁（代表）が国民への公約を明示して衆議院選挙を戦うのです。

この方法によれば、「密室政治」による総理の選出はなくなります。

菅義偉

かつて小渕敬三総理が急逝した時、自民党の大物たちが5人で協議し、森喜朗氏に向かって「今度はあんたがやればいいじゃないか」というような話し合いの末、国民の意思とは無関係に森氏が総理になったことがありました。この時も「密室談合だ！」と国民からは大バッシングを受けました。

しかし、たとえ国民の意思を無視した決定であっても、法的にはそれで通ってしまいます。

かつて「政権のたらい回し」は普通に起こり、一時は一年ごとに総理が頻繁に代わっていました。

もちろん、私が提案する新方式にも批判は出るでしょう。「総理に問題があれば69条により不信任が可決される。また十分に総理としての任務を務めることができなければ次の選挙で敗北となる。内閣が存続しているのは国民の代表者たる国会議員が是認しているからだ」というものです。

しかし、歴史を振り返ると、どう考えても一国の首相にふさわしくないと思えるような人物が、一つの政権のなかで、さまざまな政治力学を背景に登場してきているのを目の当たりにしてきました。小泉首相や安倍首相は幾度も選挙を乗り越え政権運営を行ってきましたが、それができたのは常に国民の支持が権力の背景にあったからです。

現在、世界は激動しています。そのなかで日本が存在感を持つためには、リーダーは確固としたリーダーシップを持っていなければなりません。習近平やプーチンなどの剛腕リーダーを前にしてひ弱なリーダーでは話にならないのです。

そして我々国民も総理を一旦選出したら、些細なことで揚げ足をとるのではなく、協力して国づくりをしていく姿勢を持っていきたいものです。

憲法改正の国民投票が行われる時に、できるならばこの総理選出の改正条項も入れたいというのが、私の個人的な思いです。

第5の論点
「プライバシーの権利」と憲法

「プライバシーの権利」とか「プライバシーの侵害」という言い方がされますが、この権利は、かつては「私を一人にしておいて」「他人の目にさらさないで」という権利のことを指していました。

「プライバシー権」という考え方は、１３０年も前にアメリカの弁護士サミュエル・ウォーレンとルイス・ブランダイスによって提唱されたもので、日本でもやがて注目されるようになりました。

かつての日本では、欧米に比較すると個人という概念があまり育っていなかったのかもしれませんが、やはり人は誰しも、他人に見られたくない部分を持っているものです。それが自分の意思とは無関係に公衆にさらされることには耐えがたい苦痛を伴います。

日本で「プライバシー権」が注目されたのは1960年に起こった「宴《うたげ》のあと事件」といわれています。「宴のあと」というのは文豪・三島由紀夫の小説の名前で、「政治家と料亭の女将《おかみ》」との密事が描かれていました。しかし、この政治家と女将は実際に存在していて、彼らが「我々のプライバシーが侵害された」といって、出版差し止めを申し出たのです。

この事件においては、1964（昭和39）年9月の東京地裁の判決でも、また最高裁の判決でも「個人の尊厳を保ち幸福の追求を保障するうえにおいて必要不可欠なものである」として、プライバシー権による一部の損害賠償と謝罪広告が認められました。しかし、出版の差し止めにまではなりませんでした。

その後、再びプライバシーが注目されたのが、1962年に起こった「京都府学連事件」です。これはデモをしていた学生が、警察によって写真を撮られた時、「プライバシーの侵害だ！」と言って訴えた事件です。1969（昭和44）年の最高裁の判断は、学生の肖像権は認められたものの、「警察の対応は適法である」と、学生の訴えは退けられています。

三島由紀夫

また柳美里《ゆうみり》の小説である『石に泳ぐ魚』（新潮文庫）では、モデルになった女性が、自分の顔にできた腫瘍について詳細に描かれていたため、それがプライバシーの侵害だとして訴えたことがありました。

自分の顔にできた腫瘍について赤裸々に描写されたとなれば、モデルになった人物の特定のみならず、その人物のその後の人生において、甚大な被害を受ける可能性があることは想像に難くありません。２００2年9月24日の最高裁判決において、原告の主張が通り、出版は差し止めになりました。この事件は「プライバシー権」と「表現の自由」の間でのシンボリックな事件であったといわれています。

普通の人々は自分の秘密を他人に漏らされたくないと思っているものですし、それが意に反して公開された時には大きな精神的苦痛を感じるものです。ですから、個人のプライバシーが守られるべきことは当然でしょう。

現在の憲法では「プライバシー権」について明確な定義はなされていませんが、プライバシー権は、13条が根拠になっているようです。

第13条　すべて国民は、個人として尊重される。生命、自由及び幸福追求に対する国民の権利については、公共の福祉に反しない限り、立法その他の国政の上で、最大の尊重を必要とする。

かなり抽象的な条文ですが、これはいわゆる「幸福追求権」といわれるものです。「プライバシーが侵害されると幸福もなくなる」という脈絡から、プライバシー権も13条に包含されるという考え方です。

昨今は、もう一歩進んで自分に関する情報をどうするかという「自己情報コントロール権」が注目されています。プライバシーの侵害が、その情報が公になることで被害が生じることを指すとするなら、この権利は、自分という存在を世の中で認知してもらおうとする時に、どの情報を出し、どの情報を出さないかということを自分で選択できる権利のことです。それだけではなく、国や企業に対し、その保有する個人情報の開示を求め、その訂正や解除を行わせる権利も含まれます。

もしかしたら読者のなかにも、自分の個人情報がネット上で拡散され、苦痛を感じている方々がいらっしゃるかもしれません。当人としては「やめてほしい」という気持ちでしょう。

しかし現在のようなＳＮＳ社会になると、どこまで自分の情報をコントロールできるのかは定かではありません。またその情報管理は「表現の自由」との間で衝突も起こします。

さらに現代のＡＩによるビッグデータの集積は、個々人の意思をはるかに超えてプライバシー情報がクラウド上に蓄積され、個々人のプロファイリングが形成されています。

私たちが何を買い、何を嗜好し、どこへ行っているのか。あらゆる情報は私たちの意思とは無関係に丸裸にされ、それが国家やビジネスにおいて活用されています。それを侵害というのかどうか、明確な線引きはまだできていません。

ＥＵ圏においては『欧州連合基本権憲章』で個人情報の保護が強調されています。日本でも個人情報を保護する条例はあっても、これを憲法にどう位置付けるべきかに対しては、いまだ確たる方針は出ていません。

学者のなかにも、この「『プライバシー権』を憲法に規定すべきだ」という考えを持つ人たちは少なくありませんが、必要ないという人たちもいます。また情報化の急速な進展により、「プライバシー権」を憲法条文にどのように表現すべきかということに対しても、不明確です。

現在、多くの国でこの「プライバシー権」は憲法の中に明記されています。私たちは情報化社会にあって、自分の情報が一人歩きして実際の生活に支障をきたさないことを望んでいます。私たちのプライバシー情報の理不尽な拡散によって、生活の安穏が脅かされないためにはどのように憲法に規定していくべきなのか、真剣に考えてみなければならない時期にきていると思います。

第６の論点　環境権と憲法改正

「環境権」が叫ばれるようになったのは、１９６０年代の終わりから起こってきた水俣病などといった公害病の発生が大問題になった時からでしょう。

私たちが自らの幸福を追求することは、その基盤となっている環境が劣悪になれば、達成は難しいでしょう。その意味では「環境を守れ」というのは当然のことです。

しかし今日まで、憲法において「環境権」が正面から取り上げられたことはありませんし、裁判においても、環境に関する判決が出たとしても「環境権」そのものが取り上げられたことはありません。なぜなのでしょうか？

それは「環境」という言葉があまりにも漠然としているからだといわれています。

私たちにとっての環境は、小さくは家の中です。そして地域社会、国家、地球と際限なく広がっていきます。また、いわゆる大気や水、森などの自然を指すことはもちろんですが、歴史的遺産や都市景観、眺望なども環境です。

よく聞く問題として、日照権や騒音の問題もあります。自分の家の近くに高い建物が建てられて、見晴らしが悪くなったら当人は気分が悪いでしょう。また自分が住んでいる場所の近くで、夜中まで飛行機が離着陸を繰り返したら、静謐《せいひつ》かつ安心できる生活の基盤が損なわれます。

かつて、飛行機の離着陸が大問題になったことがありました。１９６９年に大阪国際空港近隣の住民が「飛行機の発着が夜中まで続いて寝られない！　やめてくれ！」と大騒ぎになったのです。原告となった近隣住民28名が、国を相手取って「夜９時から朝7時までの発着の禁止と、これまでの被害とこれからの被害への賠償」を求めて訴訟を起こしました。

１９７１年には、さらに別の住民１２６名が「環境権」を前面に出した第二次訴訟を起こすことになります。結果、１９７４年2月に大阪地裁は、午後10時以降から朝7時までの発着を禁止し、過去の被害に対する賠償を認める判決を下しました。

ところが、原告はこれで満足せず、「未来への被害」に対する賠償が無視されていると控訴し、それに対して大阪高裁は、１９７５年11月に原告の主張通り、「午後9時から朝7時までの発着を禁止し、過去と未来両方の損害に対する賠償を認める」判決を出しました。

原告側から見たらほぼ満額回答だったでしょうが、この時にも「環境権」に関して、司法が明確な判断をしたわけではありません。

国はこの判決を承服せず、最高裁に上告しました。１９８１年12月、最高裁は、国側の訴えをほぼ認め、高裁の判決である「午後9時から朝7時までの発着の禁止」を白紙に戻したのです。その後、１９８４年に原告と被告との間で和解交渉が持たれ決着しています。

つまり原告が訴えたように「環境権」を盾にとって、飛行機の発着を禁止することに対して、日本の司法は「ＮＯ」と言ったわけです。しかしこれ自体にはさまざまな批判があり、今もなお結論が出ていません。

かつての公害のように水資源が汚染されるというのは、もしかしたら「環境権」が適応される可能性もありますが、人々の「生存権や幸福追求権の侵害」という立て付けのほうが、まだ通りがよいのかもしれません。

今、全国で「ゴミ屋敷問題」が噴出しています。自分の家の隣家がゴミ屋敷で、景観が劣悪になり異臭などが漂ってきては最悪です。しかし、被害を受けているからと、その人が勝手に隣家に入ってゴミを片付ければ、罰せられることになります。

なんとも不条理であり、これこそ「環境権」が有効に思えますが、実際には憲法29条で「財産権は、これを侵してはならない」とされており、いくらこちらが「ゴミだ‼」と思っても、持ち主が「これは私の宝物だ！」と言い張れば、そうやすやすと撤去することはできません。なんとも割り切れませんね。

ゴミ屋敷の問題は、近隣住民の居住権や快適に過ごす権利を侵しています。ゴミ屋敷の住人の権利と、近隣住民の権利との比較衡量が問題なのです。憲法で「環境権」を定めたとしても、このゴミ屋敷問題はそう簡単にはなくなりません。

「環境権」は、昔からさまざまな人間の生活フェーズで議論されてきていますが、日本ではそれを憲法に明記せよという空気はまだ十分に醸成されてきていません。ただ世界を見ると、90％以上の国で、憲法に「環境権」が記載されています。日本においてもこの環境権について真剣に検討するべき時にきているのではないでしょうか？

第7の論点
天皇と皇室

最後に、日本の未来を考えるにあたって非常に重要な事項である「天皇と皇室」について考えてみたいと思います。

『日本国憲法』では、「天皇」について第1章で次のように記載されています。少し長くなりますが、８条までの条文を抜粋します。

第1章　天皇
第1条　天皇は、日本国の象徴であり日本国民統合の象徴であつて、この地位は、主権の存

する日本国民の総意に基く。
第2条　皇位は、世襲のものであつて、国会の議決した皇室典範の定めるところにより、これを継承する。
第3条　天皇の国事に関するすべての行為には、内閣の助言と承認を必要とし、内閣が、その責任を負ふ。
第4条　天皇は、この憲法の定める国事に関する行為のみを行ひ、国政に関する権能を有しない。
② 天皇は、法律の定めるところにより、その国事に関する行為を委任することができる。
第5条　皇室典範の定めるところにより摂政を置くときは、摂政は、天皇の名でその国事に関する行為を行ふ。この場合には、前条第一項の規定を準用する。
第6条　天皇は、国会の指名に基いて、内閣総理大臣を任命する。
② 天皇は、内閣の指名に基いて、最高裁判所の長たる裁判官を任命する。
第7条　天皇は、内閣の助言と承認により、国民のために、左の国事に関する行為を行ふ。
一　憲法改正、法律、政令及び条約を公布すること。
二　国会を召集すること。
三　衆議院を解散すること。

四　国会議員の総選挙の施行を公示すること。
五　国務大臣及び法律の定めるその他の官吏の任免並びに全権委任状及び大使及び公使の信任状を認証すること。
六　大赦、特赦、減刑、刑の執行の免除及び復権を認証すること。
七　栄典を授与すること。
八　批准書及び法律の定めるその他の外交文書を認証すること。
九　外国の大使及び公使を接受すること。
十　儀式を行ふこと。

第8条　皇室に財産を譲り渡し、又は皇室が、財産を譲り受け、若しくは賜与することは、国会の議決に基かなければならない。

この8つの条文の中で、今後課題となっていく可能性があるのが、第1条と第2条です。

まず第1条の、天皇が日本国と日本国民統合の「象徴」であるという表現について、おそらく多くの日本国民はこれを当然のこととして認識していると思います。

しかし憲法改正論議のなかでは、「天皇を日本の元首と位置付けるべきだ」という意見も少なからず存在しています。なぜなら天皇こそが日本国を代表する存在だからです。

一方で反対意見も見られます。それは『大日本帝国憲法』において、天皇を元首として明記したことにより神格化され、権力が集中しすぎたことでさまざまな悲劇を生んだという認識があるからです。

今、天皇という存在が元首となったとしても、かつての『大日本帝国憲法』下の日本のように、天皇に政治的権能が集中することは全くないでしょうし、それは第4条で明確に規定されています。

日本には、「元首」が権力を握ると危険だと誤解している人もいるようですが、世界の立憲的・民主的な君主国の国王は、ほとんどが憲法で「元首」とされています。「元首」とは対外的にその国を代表する存在であって、権限とは無関係な立場なのです。

さて今、令和の時代になり、国民の天皇観もまた様変わりしてきたかもしれません。それだけに私としては紙面を割いてでも「天皇と皇室」の問題について発信しておきたいのです。

ここ数年のコロナ禍において多くの人が感染し、また命を落とされたなか、今上《きんじょう》陛下は国民のために祈り、日々御心をくだいておられました。

また愛子内親王も、成人された2022年3月、初めて単独記者会見に臨まれた場で「皇室のあり方」を質問された際に、皇族として素晴らしいお言葉を語られました。

「皇室の一員としての在り方をどのように学んでいるかということでございますけれども、私は幼い頃から、天皇皇后両陛下や上皇上皇后両陛下を始め、皇室の皆様が、国民に寄り添われる姿や、真摯に御公務に取り組まれるお姿を拝見しながら育ちました。そのような中で、上皇陛下が折に触れておっしゃっていて、天皇陛下にも受け継がれている、皇室は、国民の幸福を常に願い、国民と苦楽を共にしながら務めを果たす、ということが基本であり、最も大切にすべき精神であると、私は認識しております。『国民と苦楽を共にする』ということの一つには、皇室の皆様の御活動を拝見しておりますと、『被災地に心を寄せ続ける』ということであるように思われます」

愛子内親王のお姿を拝見していると、時代を超えて受け継がれてきた深い叡智に基づく「帝王学」が、脈々と流れているのを感じます。

私は、これからも皇室が永続的に存在し続けてほしいと思っていますが、そのためには、「天皇は男系男子に限るべきなのか」という問題についても真摯に議論していかなければなりません。

ここからは、第2条に関して論じてみたいと思います。

天皇の継承問題は、皇室消滅の危機を孕んでいるので、どうかみなさんも一緒に考えていただきたいのです。文脈の中で、いささか不敬な表現があるかもしれませんが、それも皇室の存続を願えばこそということで、どうかお許しください。

さて、現在の皇位継承に関しては、第2条において「皇位は、世襲のものであつて、国会の議決した皇室典範の定めるところにより、これを継承する」と定められています。『皇室典範』では、第1条が「皇位は、皇統に属する男系の男子が、これを継承する」と規定されています。

この『皇室典範』によると、皇位継承第一位が秋篠宮《あきしののみや》さま、第二位がそのご長男である悠仁《ひさひと》さま、そして第三位が、上皇さまの弟でいらっしゃる常陸宮《ひたちのみや》さまです。常陸宮さまは87歳（2023年現在）なので、まず皇位の継承はありえないでしょうし、また秋篠宮さまも今上陛下と歳が5歳しか離れていないので、今上陛下の次の天皇となると、悠仁さまが唯一のお世継ぎ候補と言っても過言ではないと思います。

悠仁さまがお生まれになるまでの約40年間、皇室には男子が生まれませんでした。そこで2005年頃から、時の小泉政権下の国会では「女性天皇容認論議」が激しく交わされていました。まさにその時期に、悠仁さまがお生まれになり、その瞬間に「女性天皇・女系天皇論議」はほとんど沙汰止みになった感があります。

しかし、この継嗣問題に関しては、まだ油断できない状況が続いています。

そこには、制度的なものと国民感情の両方があります。制度的な面でいいますと、現在の『日本国憲法』と『皇室典範』に基づけば、悠仁さまお一人が皇室存亡の鍵を握ることになります。

明治時代までの天皇を見ると、天皇家は常に側室を置き、皇統が絶えないようにしていました。江戸時代以降この４００年の間に、側室でない正式な皇后から生まれた天皇は、なんと１０９代の明正《めいしょう》天皇（女性）、１２４代の昭和天皇、そして１２５代の明仁《あきひと》天皇（現・上皇陛下）、１２６代の今上天皇の４人しかいません。どういうわけか、天皇家は男子よりも女子が生まれる確率がだんぜん高く、それゆえに皇統保持のために側室制度が作られていたのです。

昭和天皇の時代に秋篠宮さまがお生まれになり、以来、約40年間男子が生まれず、ようやくお生まれになった悠仁さま以外には、今や皇統を継げる存在がいなくなってしまったのです。

では、どうすればいいのか。よく「安定的に皇室を守るためには」という議論がなされ、特に悠仁さまがお生まれになっていない頃には、「女性・女系天皇を容認せよ」という議論がかなり巻き起こっていました。男女平等の思想から「女性天皇が出てきて何が悪い」という声も少なくありません。世論調査では、「愛子さまが天皇になることをどう思うか？」という質問に対して、多くの国民が賛意を示しています。
もちろん、このような考え方に対しては、「秋篠宮さま、悠仁さまという歴とした皇統継承者がいるなかで、そういうことを質問するのは不敬である」と批判する人もいます。反対に、「世界的には女王の存在も普通なのだから、日本の天皇も女性でいいのではないか」という考え方もあります。

ここでしっかりと整理しておきたいのですが、「女性天皇でもいいじゃないか」という意見と「女系天皇でも問題はない」という意見は本質が全く異なります。

日本の天皇126代のなかで、女性天皇は8人います。そしてそのなかの2人は、称号を変えて2回天皇になっているので、女性であった御代は10代あったことになります。つまり女性天皇は今までの日本の歴史の中で何人も存在していたので、もし「愛子さま」が天皇になられたとしても、それが日本の伝統文化を壊すことにはなりません。

しかしこれが「女性宮家を認めよ。女系天皇を認めよ」となると、皇統は全く違ったものになります。

仮に悠仁さまがお生まれになっていなかったとして、その当時の議論通りに女性宮家を認めていたとしましょう。すると、その時の「宮家」になる対象者は「愛子さま」と「眞子《まこ》さま」そして「佳子《かこ》さま」の3名でした。眞子さまは小室圭氏と結婚されましたが、もし愛子さまと佳子さまが結婚されなかった場合、小室夫妻の子どもが天皇になることになります。これは国民感情としてはなかなか容認し難いことでしょう。

よく男系継承の関連で「Ｙ染色体」「Ｘ染色体」の話をする人がいます。これは遺伝子の仕組みとして、男性だけが「Ｙ染色体」を保持しているので、もし仮に「愛子さま」が、皇族とは無縁のＡさんと結婚されて、その子どもが生まれた時、その子の中には今上陛下の遺伝子は存在しないというのです。つまり日本の皇統が、現在の皇室から「Ａさん朝」に移るという理屈です。

愛子天皇が誕生したとしても、日本的伝統という観点に立てば、「万世一系の天皇」は継承されます。しかし、母方にのみ天皇の血筋を持つ人物が天皇になる「女系天皇」が登場すると、日本の伝統は全く違ったものになることが、お分かりいただけたでしょうか。

憲法に基づいて、皇室のあり方を規定したのが『皇室典範』で、１９４６（昭和21）年12月に成立しています。皇位継承者を「男系男子」に限ってしまうと、このままでは皇統は途絶える危険性が高くなります。だからといって女系天皇を認めれば、まさに日本の２０００年にわたる伝統が途絶えてしまいます。

ではどうするか。「旧皇族が今の皇室に養子縁組をする」という考え方のほうが現実的です。これは「日本維新の会」が提案しているもので、私も賛成です。
そしてもう一つ、『皇室典範』の改正も必要になります。
現在の皇室典範には、次のように記されています。

第1条　皇位は、皇統に属する男系の男子が、これを継承する。

これを次のように変えるのです。

第1条　皇位の継承は、男系とする。

これにより何が変わるのかというと、愛子さまが天皇になる可能性に道が開かれるのです。もし愛子さまが、幸いにも天皇の血筋をひく旧皇族のどなたかと結婚されるなら、その時には、いったんその方が天皇家に養子に入り、そしてご結婚されると、紛れもなく皇統は守られます。

明治天皇の御子孫や孝明《こうめい》天皇の御子孫、さらにはその一代前の仁孝《にんこう》天皇の御子孫とたどっていくと、年頃の男子は何人もいらっしゃいます。エリザベス女王とフィリップ殿下との深い愛情の物語を見るまでもなく、日本の皇族間でも恋愛は成立するでしょう。愛子さまのお姿を拝見していると、私は「国民の象徴」としてふさわしいのではなかろうかと思います。

誤解のないように申し上げますが、これは「悠仁さまが天皇にふさわしくない」と言っているのではなく、お一人だけに、日本の伝統存亡の全責任を背負わせるのは、あまりにも酷だと思うからです。

皇室の未来についてはいろいろな議論があるでしょう。しかし、それらの意見に右往左往して何も決められなければ、時間切れになります。その時は日本が日本でなくなってしまうのです。

これからも日本が、世界のなかで大きな役割を果たす国として存続していくために、あえて皇位継承問題について言及しました。みなさんもどうぞ一緒に考えていただければ幸いです。

私は、皇室の存在が日本の平和のみならず、世界の安泰にもつながる重要な役目を果たし、それが日本の世界平和へのミッションであると思っています。

長くなりましたが、憲法改正の7番目の論点として、『日本国憲法』と『皇室典範』の改正に触れながら、天皇の元首問題、皇統継承問題についてお話しいたしました。

日本国の永劫の弥栄《いやさか》を念じつつ本章を閉じたいと思います。

第五章

2024年に「憲法改正の国民投票」が実現するまでのロードマップとは

今、何をすべきか

何度もお伝えしているように、本書の目的は、憲法改正のための国民投票を実現することにあります。

現在、国会における改憲勢力は、衆参それぞれ改憲発議に必要な「3分の2」を超えています。したがって本気で実行しようと思えば、憲法改正は実現可能でしょう。

しかし、改憲に向けた具体的な行動はなかなか進展していないのが現状です。

本章では、2024年にどのように憲法改正の国民投票を実現させるのか、その道筋を示したいと思います。そのなかで我々国民がどのような意識でこの憲法改正に取り組んでいったらよいのかもお伝えします。

憲法改正に向けて私たちに何ができるか？

憲法改正が実現するまでのロードマップは次のようになります。

「憲法審査会」で憲法改正の案が策定され、その改正案が衆参両院それぞれにおいて総議員の3分の2以上の賛成で可決されます。その後60日から180日以内に行われる国民投票の結果、有効投票数の過半数の賛成が得られれば憲法改正は実現します。

『日本国憲法』誕生の経緯を参考にすると、「2024年5月3日に憲法改正発議が行われ、8月15日の終戦記念日あたりでの投票」または「11月3日までに国民投票」というスケジュールです。

こうしたスケジュールを提案すると、「憲法改正論議においてスケジュールありきでは、本当の議論ができない」などという馬鹿げた言い逃れをし、議論そのものをうやむやにしてしまおうという国会議員が出てきます。

もちろん拙速な議論によって誤った結論が出され、未来に向かって国家的禍根を残すことは避けなければなりませんが、議論はもう十分に出し尽くされています。

まずは、一歩を踏み出すことです。そのためには、ただ待っているだけではなく、日本国民であるみなさんの中から、憲法改正の気運を高めていっていただきたいのです。

2023年現在の状況

「憲法調査会」と「憲法審査会」

先述したように、憲法改正はもともと「自民党設立綱領」に謳われていました。しかしその後、憲法改正が今に至るも実現していない理由は、政府が経済発展を優先させてきたために、戦後日本の国策において憲法改正の優先順位が非常に低く、国民自身も意識してこなかったからであるといえます。湾岸戦争後、「これではダメだ！」という声が高まり、国会もようやく重い腰をあげ憲法改正に取り組み始めました。

その先鞭をつけたのは、外務大臣を務めていた中山太郎です。手塚治虫の漫画『鉄腕アトム』に出てくるお茶の水博士のような風貌が人気の大臣で、彼の尽力により、２０００年に憲法改正を議論する「憲法調査会」が衆参両院に設立されました。衆議院議員50人、参議院議員45人で組織されたこの調査会では、９条の改正のみを焦点にしていたのではなく、広範囲に憲法問題が議論されています。

数百時間に及ぶ議論の末、衆議院では７００ページ超の膨大な報告書が提出されました。

その内容は9条をはじめ、女性天皇の容認論や憲法裁判所の設置、また環境権や道州制など、多岐にわたっています。

しかしその後、憲法改正の熱が国会でも国民の間でも盛り上がっていったかといえば、そのようなこともなく、数年後には鎮火してしまいました。

ただこれで改憲論が終焉したわけではありません。２００７年8月には、「憲法調査会」よりも、さらに具体的に憲法改正を進める機関としての「憲法審査会」が両院に設けられています。実際に活動が開始されたのは２０１１年10月です。

この審査会は「日本国憲法及び日本国憲法に密接に関連する基本法制について広範かつ総合的に調査を行い、憲法改正原案、日本国憲法に係る改正の発議又は国民投票に関する法律案等を審査する機関」（衆議院）であると規定されています。

つまり、「憲法調査会」はあくまで調査が目的であり、憲法改正原案を提出する機関ではなかったことに対して、「憲法審査会」はまさに憲法改正を実現するための機関として設けられたのです。

では「憲法審査会」が発足してから、この10年間にどんな議論があり、どんな進展があったのでしょうか？

実は国民に提示できるほどの成果は、まだ十分にはあがっていないのが現状です。「憲法審査会」には２０１１年から２０２１年までの11年間に30億円も国税が支払われています。またその間、海外視察も行われていますが、どのような成果があったのかほとんど見えてきていません。

さらに言うならば、そもそもまともに議論がされていたかどうかもあやしいものです。２０１８年以後の状況を見ても、審査会が開かれたのは数えるほどです。ようやく２０２２年に衆議院で15回、参議院で６回開かれましたが、審査会の本来の目的である憲法改正原案の作成に向けた議論にはほど遠いと言わざるをえません。

２０２３年になり、やっとかなりの頻度で審査会が開かれるようになってきています。ただそこでどのような議論がなされているかは、国民にはほとんど知らされていません。

「憲法改正国民投票法改正案」の成立

これまでの憲法審査会の成果といえるのは、２０２１年に「憲法改正国民投票法改正案」が国会で成立したことです。しかし実のところ、この改正案の元になる原案は、２０１８年にすでに国会に提出されていたものであり、その後３年間にわたり８回も継続審議になっていたのです。

改正により、「投票人名簿の縦覧制度の廃止による個人情報の保護や、駅構内やショッピングセンターでの共通投票所の設置、また災害や悪天候などを理由とする期日前投票の弾力的運用や洋上投票を可能とすること」などが追加されました。これらの追加項目は、普通の公職選挙法をなぞっただけのもので、このような当たり前の項目を追加するのに、なぜ3年もの時間を空費していたのでしょう。これは税金の無駄遣い以外の何ものでもありませんし、「やっているふり詐欺」のようなものだと言えば、国会議員の方から怒られるでしょうか？

このような状況になっていた原因の一端は、立憲民主党にもあると思います。立憲民主党は、かつて安倍晋三総理の時代には「安倍内閣のもとでは憲法の改正論議には応じられない」と無理を通し、菅内閣になったら「今はコロナ対策が先決で憲法論議には応じられない」と唱えていました。そして岸田内閣のもとでは「論憲」の立場をとり「もっと時間をかけて審議すべきだ」と述べ、審議の引き延ばしを図っていたのです。

それでも2021年に、曲がりなりにも国民投票法が成立したのは、国民投票において自民党などの与党が資金的に有利にならないための「CM規制」や、「外国からの資金規制」についての「法律の施行後3年をめどに検討を加え、必要な法律上の措置を講ずる」などといった一文が入れられたからです。ただ残念なことに、立憲民主党の中には、「国民投票の詳細が決まるまでは憲法論議は一切しない」と、多くの国民の意思を無視した考えを持つ議員が幅をきかせているのも実態です。

２０２３年3月に発表された世論調査では、自衛隊に対して良い印象を持っている国民は90％を超え、国防力の増強を願う人も２０１８年と比較しても10％以上、上がっています。いやしくも「立憲」や「民主」を標榜する政党が、国民の意思を無視して、国民主権の表れである国民投票制度を妨害するのは、いかがなものでしょうか。

ＣＭ規制や外国からの資金規制などの課題は、どれほど検討を重ねたとしても3カ月も審議すれば簡単に答えを出すことができたでしょう。

このような立憲民主のゴリ押しもどうかとは思いますが、改憲を標榜する諸政党も、与野党を問わず、これを実現するために真剣に力を合わせていただきたいと思います。本当に改憲をしようという意欲があるのならば、国民にも強く訴えて早く答えを出すべきなのです。国民投票法の枝葉末節の文言を整えるために3年もの時間をかけるなど、無駄以外の何物でもありません。

各党が主張する改正案

憲法改正の国民投票法を完成させるのと同時に、最も大切なことは、国民に提示する改正案をまとめることです。

それぞれの党は、それなりの改正案を出しています。自民党案はすでに詳述したように「9条改正」「緊急事態条項の導入」「参議院の合区解消」「教育の充実」の4つが柱になっています。

ここで簡単に、各党の改正案を俯瞰《ふかん》してみたいと思います。

▩日本維新の会

「9条改正」や「緊急事態条項の導入」と合わせて、自民党案と同じく「教育の無償化」を改正条項に入れています。また「憲法裁判所の設置」を提唱しています。さらに、安定的な皇位継承を実現するための「女性天皇の容認ならびに旧皇族の養子縁組制度の確立」なども訴えています。先の天皇・皇室の論点でも触れたように、私は、維新の会のこの提案には賛成です。

▩国民民主党

国民民主党は2020年に「憲法改正の論点」を整理して、次のポイントを主張しています。

①緊急事態条項、②安定的な皇位継承、③同性婚の保障、④合区の解消、⑤内閣による衆

議院解散権の制約、⑥教育環境の整備などのほか、同党は憲法の序章として「国家目標の明言」を設定しています。まさに現行の憲法前文を日本の国柄に合致した理念にしようというものであり、私も賛成です。

■立憲民主党

2020年11月に「憲法論議の指針」を発表し、内閣による衆議院解散権の制約や、知る権利の創設、同性婚の検討などを提言しています。また自民党や維新の会と同じく高等教育の無償化も含んでいます。そして私が注目しているのは、「憲法改正以外の国民投票の実施」提言です。「国民投票」の対象は何も憲法改正に限った話ではありません。

たとえば「死刑制度は存続するべきか廃止するべきか」「安楽死は認められるか否か」、また「選択的夫婦別姓問題」など、憲法改正とは別に国民生活にかかわる重要な施策について、直接国民に聞くという制度を確立すべきとする主張は傾聴に値します。これら立憲民主党の提案は、それぞれ意義があります。立憲民主はこれらの提言も憲法審査会で提示すれば良いと思います。それこそが「立憲」「民主」の名にふさわしい。「立憲民主党」には、党名本来の「国民主権」をもっと強く訴えてほしいものです。

■その他の党

共産党は「憲法は一言たりとも変えてはならない」という立場なので、論外とします。

社民党は9条の自衛隊明記について、「『戦争を放棄し戦力を保持しない』とした憲法を変え、自衛隊が何をやっても違憲といえなくなり、戦争のできる国にする改悪だ」と主張しているにとどまっているので、これも論外です。

また「N国党（現政治家女子48党）」や「れいわ新選組」がどのような憲法改正案を出しているか寡聞にして知りませんので、これもコメントできません。

2022年の参議院選挙において、マスコミが完全無視を決め込んだものの、一つの台風の目になった「参政党」は、憲法改正ではなく、新しい憲法を作るという「創憲」の立場をとっています。しかしその内容が公開されていないので判断できません。参政党は「創憲」に至る第一歩として、まず憲法改正の国民投票の実現には協力してもらえればと思います。

国民に提示されるべき課題

各政党がそれぞれ改憲項目を公表しています。それをどうまとめるのかが、今日、「憲法審査会」に求められているのです。本当に真剣になってやっていただきたいと思います。そして今後、「憲法審査会」で議論をし、「国民投票」にかける場合、複数の項目を国民に提示するのか、または「9条改正」と「緊急事態条項の導入」のみを国民に提示するのかは、審査会で決めることになりましょう。

大きな枠組みとしては、「9条改正」と「緊急事態条項の導入」の二つが憲法改正における国民的な議題となるでしょうが、その他の改正テーマも同時に提示されてもよいかもしれません。しかし私の皮膚感覚として言うならば、あまり多くの改正事項を並べて国民が混乱し、思考停止に陥らないようにしたほうが良いのではないかと思っています。

今回は「9条改正」と「緊急事態条項の導入」だけで国民投票が行われたとしても、憲法を変えるために国民の意思を直接聞く機会は、今後いくらでも作れます。今回が満額回答でなくてもよいのです。

とにかく一度、国民自らが憲法の存在を判断する「国民投票」を実現させることが最も大切なことです。

そしてそれは、今の政権が存続する2025年7月までが期限です。憲法改正の発議を国会が行うとしても、これがなされない間に解散総選挙が行われるとすれば、岸田内閣としては、やはり国民への公約違反だと思いますし、もし解散をするのならば、少なくともこの改正案をまとめてからにしていただきたいと思っています。そのことを与野党問わず、改憲を目指す政党ならびに国会議員は明確に認識すべきです。

よりよい民主主義のために

では、実際に我々国民は、この憲法改正問題についてどのように向き合っていけばよいのでしょうか。

先日、橘玲《たちばなあきら》の『バカと無知』（新潮新書）という本を読み、気づくことが少なくありませんでした。

同著で、実はバカな人間のほうが「自分は賢い」と思い、賢い人のほうが「自分はもしかしたら間違っているかもしれない」と思う傾向があるということが述べられていました。そうすると全体として民主主義的に判断し結論を出すと、バカの声が大きくなり「バカの判断」に近づいてしまうというのです。よくいわれるポピュリズムです。

人類の未来においては、ＡＩがデジタル的に情報を勘案して、あらゆる政策判断の最適解を提示し、人類はそれに従って生きていればよいという時代が来るかもしれません。

しかし今の世界はやはり人が動かしています。現在人類は「民主主義」か「独裁」しか国家の意思決定システムを持ち合わせていません。ですから、民主主義を成熟させることがどんなに困難であり、その時々の決定が流行に流され、ポピュリズムに陥る危険を持っていたとしても、私たち一人ひとりが賢く判断し、民主主義をよりよきものにする努力を重ねる以外に方法はないのです。

憲法改正問題について私たち国民は、必ずしもさまざまな角度から検討を加え判断をしているわけではありません。しかし、私たち自身、一度真剣に取り組んでみる価値は必ずあると思います。

日本の未来を自分の手で変えていく

以下、みなさんに憲法改正を実現するための方策として、具体的な二つの提案をしたいと思います。

一つ目は、「これからの日本の未来は自分の意識と決断にかかっていると思い、勉強をしてみないか！」ということです。本書も憲法改正をテーマにした本です。できれば多くの方々に読んでいただきたいと思いますし、周囲の人に本書を伝えていただければ嬉しいです。また、ほかにもさまざまな本を読んだり、SNSでの意見に耳を傾けたり、また実際に誰かと話をしたりして、自分自身の考えを深めていただければと願っています。

二つ目は、できれば自分の思いを一つの政治行動に移していただけないかということです。デモ行進をしながらメガホンを片手に、シュプレヒコールをあげるということではありません。もし本書に書かれている憲法改正に関して賛同していただけたら、仲間を募《つの》り、国会議員や地方議員に思いを伝える場を作っていくということです。

もしあなたが「私たちは憲法を改正したいと思っているので、憲法改正について、ぜひ○○先生のお話をお聞きしたい。20人ほどを集めますから、1時間ほどお時間をいただけませんか？」と言えば、地方議員は喜んで時間をとってくれるでしょう。国会議員でも同じように、必ず時間を割いてくれるはずです。

「2024年に憲法改正の国民投票を実現したい」旨を明確に伝え、賛同を得ることです。共産党の議員にも声をかけ、憲法改正に反対だと言うならば、なぜ反対か大いに議論するのもよいと思います。

憲法は生活実感からはほど遠いものです。しかし、政治から何か得になることをしてもらおうという権利意識だけが肥大化し、陰で批判ばかりしていれば、政治は劣化していくことでしょう。憲法改正を梃子《てこ》にして、ぜひ静かな民主主義運動を始めていきたいと思います。

時々、ユーチューブなどで活躍しているインフルエンサーのなかには、「若者が政治に参加しないのは当たり前である。なぜなら人口比から見ても若者は少数派である。結局、若者が何を言ってもどうあがいても年寄りが決めてしまうのだから、若者はいかに日本から脱出するかを考えるべきだ」という意見を述べる人たちがいます。

しかし、この考えは間違っていると思います。なぜなら、物事は決して若者と年配者との世代闘争だけが課題ではなく、「日本の未来が平和で幸せであってほしい」というのはほとんどの人が願っていることであり、相互に影響を与え合うものだからです。自分が何かの意志を持ったら、それを相手に伝えることで世の中は動いていくと私は確信しています。

とにかく「憲法改正の国民投票」が実現すれば、それは日本の歴史上初めてのことになります。

それを私たち国民の意思で実現したい。この試みが、これからの日本の未来は自分たち自身で決めるのだという決意を持つための第一歩になることを祈念するとともに、これに賛同し、その実現に向けて参加し行動してくださることを心から願っています。

おわりに

このたび、「憲法改正の国民投票」を実現するために本書を世に出しました。

戦後78年の間、日本は焼け野原から奇跡の復興を遂げたにもかかわらず、今は停滞から衰退へと向かいつつあるようにも感じられます。

しかし目を転じてみるならば、わが日本国は、幾多の困難に遭遇しながらもそれらを乗り越え、世界でも稀に見る誇り高い歴史を営々と築いてきています。ここで失望して立ち止まっている場合ではないでしょう。

世界が混乱するなか、私は、日本には日本にしかできない使命があると信じています。

憲法改正によって素晴らしい変革が起きるという保証はどこにもありません。しかし少なくとも、憲法改正の国民投票の実現は、私たち一人ひとりが国や世界の未来を考える、「主体者意識」を確立する一助にはなると思っています。

憲法改正がいまだに実現化していないといっても、今日まで日本の未来を考え、その実現に向けて懸命な努力を続けてきた人たちが無数にいます。

私はこれらの人たちに対し、心から敬意を払うと同時に、彼らの努力に深く感謝します。そして今、たまたま歴史のバトンを受け取っている私たちは、これからの日本に生きる未来の人たちに対して、最大限に尽力しなければならない責務を持っていると考えます。

本書を世に送るために、本当に多くの方々にお力添えをいただきました。なかでも駒澤大学名誉教授の西修先生には、憲法の素人である私の拙文に対し、無数のアドバイスと気づきをいただき、信じられないほど深いご指導をしていただきました。また、元通産大臣で現TOKYO自民党政経塾塾長の深谷隆司先生からは憲法改正に向けての現場からの真実の流れを教えていただきました。重ねて御礼申し上げます。

その他お世話になった方は数知れず、本来ならばお一人お一人のお名前を列挙させていただくべきところですが、あまりにも膨大になるので、まことに心苦しくはありますが、割愛させていただくご無礼をお許しいただくとともに、この憲法改正の国民投票の実現に尽力することをもって御礼とさせていただきたいと思います。

なお、本書における記述は私なりの解釈であり、認識の間違いもあるかもしれませんが、ご容赦いただければ幸いです。

２０２４年から日本と世界に光が差し込み、みなさんの日々がより一層幸せに満ちてくることを祈りつつ筆をおきます。

２０２３年11月

小田全宏

補章1

未来に伝えたい「8つのジャパン・スピリット」

この本は、現行の『日本国憲法』を、今一度みんなで考えてみませんか、という趣旨で執筆した書籍です。

しかしここで、もう一つの視点、つまり、日本国憲法を横軸としたら縦軸ともいえる「日本の伝統精神」の視点から、少しだけお話ししたいと思います。私たちの国柄の成り立ちや、日々の生活のなかに息づいている精神にも目を向け、それをしっかりと学んでおくことは、憲法をめぐる論議のみならず、日本の将来を考える上で、とても大切だと私は考えているからです。

かつて、台湾の李登輝元総統は、ベストセラーとなった著書『「武士道」解題』(小学館文庫)の中で、我々日本人に大変ありがたい苦言を呈されています。そのメッセージとは、「世界に誇るべき日本国憲法は、その冒頭で、『国際社会において、名誉ある地位を占めたいと思う』と高らかに宣明されています。にもかかわらず、最近の日本はあまりにも『不名誉』な地位に立たされすぎているのではないでしょうか」というものです。「日本人としての名誉」という感覚は、ここ数十年の日本の凋落とともに失われつつあるかもしれませんが、私は、悠久の歴史のなかで培われてきた日本の心(ジャパン・スピリット)は、今もなお地下水脈のように、日本人一人ひとりの心の底に流れていると思っています。

『武士道』で私が思い出すことは、新渡戸《にとべ》稲造《いなぞう》の次のようなエピソードです。かつて日本には、「武士」が存在していましたが、明治になり消滅しました。新渡戸稲造は、札幌農学校を出たのち、「われ太平洋の架け橋とならん」という志をもって勇躍アメリカに渡り、後年には国際連盟の事務局次長としても活躍した国際人です。

ある時、新渡戸は妻のメアリー夫人からこんな質問を受けました。「あなたの国の日本では、どんな宗教に基づいて躾《しつけ》や教育をやっているの？」と。それに対して新渡戸は、「いや、日本では特別な宗教に基づいて教育はしていない」と答えました。メアリー夫人は「そんな馬鹿なことはないわ。宗教的理念なくして、どうやって教育ができるの？」と食い下がります。しかし新渡戸は、その質問に対して妻を納得させる答えを出すことができなかったのです。

新渡戸稲造

また別の折、新渡戸がヨーロッパを訪れた際にも、ベルギー人の法律学者ド・ラブレーから、同じ質問を受けたことがありました。「貴国（日本）では、どのような宗教に基づいて道徳教育をしておられるのか？」。またもや新渡戸は返答に窮したといいます。そのようなものは日本において見当たらなかったからです。

それから新渡戸が、彼らの問いかけに対する答えを模索し続け、約10年の歳月を経て、1900年に英文で世に出した書籍が『武士道』です。新渡戸は日本精神を深く探求する過程で、しだいに日本人の心の輪郭が見えてきました。日本には、キリスト教の『聖書』や、イスラム教の『コーラン』、またユダヤ教の『タルムード』のように、すべての日本人が守り従っていくような教義は存在しません。『古事記』の中の神々の話であっても、およそこれが日本人の精神的支柱を形成しているとは言い難いでしょう。

しかし今、静かに日本人の心のありように光を当ててみるならば、四季の変化に富み、風光明媚な自然のなかで、お互いが肩を寄せ合いながら、つつましくも懸命に生きてきた様子が浮かび上がってきます。その暮らしぶりをさらに掘り下げてみると、神道的世界観からは、お天道《てんとう》様やご先祖様、そしてこの山河に対する深い畏敬と感謝の念が、また仏教的世界観からは無常なるがゆえに今を精一杯に生きようとする人生観が、そして儒教的世界観からは、忠義や誠心、思いやりといった徳目が現われてくるのです。かつての日本の武士はこれらを学び、その精神を彼らの心の奥底に注入していきました。その心根は、武士階級のみならず、日本人全体にまでひろがっていったのです。このような豊かな精神的ベースを支えにして、維新後には多くの日本人が世界に羽ばたき活躍していきました。しだいに日本人の信用は高まり、名誉もまた培われていったのです。これが、新渡戸が伝えたかったことです。

私は今日でも、日本人の心の中には、かつての武士道を引き継いだ「日本人特有の魂《スピリット》」が宿っていると信じています。私はそれを「8つのジャパン・スピリット」と呼んでいます。補章1では、その8つについて簡潔にお伝えしたいと思います。

第1のスピリット
「ありがとう・おかげさまスピリット」

私たちは、感謝を伝える時に、その気持ちを「ありがとう」という言葉で表現します。素敵な世の中というのは「ありがとう」が満ち満ちている社会だと思います。

「ありがとう」は、誰かから何かをしてもらった時に使う言葉ですが、「おかげさま」は、いささか趣《おもむき》が違います。「ありがとう」という言葉を発するのは、「誰かがしてくれた何かに対して」がはっきりしていることが多いですが、「おかげさま」は、もっと深い概念です。これは特定の誰かから具体的な何かをしてもらったというよりも、「今ここで自分に良き出来事が起こったのは、その陰にある何か大きな力が働いているからだ」という、目には見えないものの「お陰」を感じとれる心の働きを指します。

「サポートしてくれてありがとう」「ご先祖さまのおかげさまなのです」。こうした心根の大切さを、ぜひ子孫へと伝えていきたいものです。

第2のスピリット「きよめスピリット」

世界の学校において、授業が終わった後に子どもたちが自分たちの学校の掃除をする国は、まだまだ少数です。外国では「掃除は社会の下層の人たちがする仕事だ」と、どこかで認識しているからかもしれませんが、日本では全くそういう概念はありません。

サッカーやラグビーのワールドカップなどで、試合終了後に選手たちがロッカールームを綺麗にして立ち去ったり、日本のサポーターたちが観客席のゴミを片付け、美しくしてから帰るという行動は、世界からとても称賛されています。また今、大リーグで大活躍をしている大谷翔平選手がゴミ拾いを日課にしているのは有名な話です。

場をきれいに清めることによって、心も清浄になります。そして不思議なことに、場を清めることによって仕事がうまくいったり、人間関係が良くなったりするという副産物も出てきます。神代《かみよ》の時代から続く、この「場を清める心」も、日本人として大切にしたいスピリットといえましょう。

第3のスピリット

「たまみがきスピリット」

日本人の特性として、何か一つのことを徹底的に極めて、それを精神性の高い崇高なものに仕上げていくといったスピリットがあります。茶道や華道、書道、あるいは柔道や剣道、弓道、合気道といった「道」がつくものはすべて、技の大成も重要ではありますが、まずその当事者が、自らの魂をいかに磨き上げるかが最も重要視されるのです。

勝てるのなら卑怯な技をくり出してでも勝とうとするレベルとは次元が違います。これは単なる精神論を強調する話ではなく、日本人はもともと、基本を大切にして、それを徹底的に磨き上げることをよしとする民族であるように思います。私たちが何かに没頭し「よりよきもの」に磨き上げようとしている時、私たちの先祖の遺伝子が沸々と湧き出しているのかもしれません。

第4のスピリット

「もったいないスピリット」

日本人には昔から道具や衣類を大事にする心があり、修理・修繕して長く使い続け、またその材料をほかの何かに再利用することが当たり前になっていました。ですから江戸時代にはほとんどゴミが出なかったといいます。

ところが戦後の高度成長期に「消費は美徳」とばかり、まだ使える家具や電化製品までも次々と使い捨て、家庭のみならず産業廃棄物が環境上の大きな問題となっていきました。そのような風潮の折、我々の「もったいないスピリット」を再び呼び覚ましてくれた人がいました。世界で初めて環境分野でノーベル平和賞を受賞したケニア人女性のワンガリ・マータイさんです。「日本には資源を大切にして環境を保護する素晴らしい言葉がある。MOTTAINAI。この言葉を世界に広めましょう！」と言ってくれました。食品ロスやSDGsへの取り組みに関心が高まるなか、これも次世代に残したいジャパン・スピリットです。

第5のスピリット

「おもてなしスピリット」

多分これは日本人にとって、最も得意であり、最も心に根付いているスピリットではないかと思います。東京オリンピック・パラリンピック招致のプレゼンで、滝川クリステルさんが「お・も・て・な・し」と言って話題になったことがあります。人を迎えいれる時、私たちはどうしたらお客様がそのひと時を気持ちの良いものと感じてくれるかを気遣い、まさに「一期一会《いちごいちえ》」の思いでおもてなしをするのではないでしょうか。「一期一会」とは、茶道の世界で使われる言葉で、お茶会での出会いは「後にも先にもただ一回」と認識する心構えのことをいいます。「おもてなし」というのは、単に相手に気に入られるためにする行いではなく、そのかけがえのない時間を、お互いに心がわくわくするようなひと時に、そしてまた美しい記憶に残る瞬間にするためのものなのです。

日本人のスピリットには、そういう温かな心遣いが根底に流れているような気がするのですが、いかがでしょうか？

第6のスピリット

「正直スピリット」

このスピリットは、今や風前の灯《ともしび》に見えるかもしれません。ビジネスの世界でも嘘が横行し、特殊詐欺や組織的な強盗グループによる事件が世間を騒がす毎日です。

しかし一方で、日本では今でも、スマホや財布などの落とし物が、かなりの確率で持ち主のもとに戻ってきます。まだまだ日本も捨てたものではない気がしています。私もお店にスマホを忘れた時に、店員さんが息せききって「忘れ物ですよ」と追いかけて持ってきてくれた経験があります。外国では自分の体から離れた瞬間、バッグでも手帳でもどこかに消えてしまうといいます。うっかりしたら、白昼堂々ひったくられる危険すらあります。

しかし日本人の心の根底には、嘘をついたり、人のものを勝手に自分のものにしたりすることに対して、それを「恥」と考え、「誰も見ていなくても天が見ている」という「正しさに真っ直ぐな思い」があるのではないでしょうか。

第7のスピリット

「共生《ともいき》スピリット」

２０１１年3月、日本を襲った東日本大震災は、多くの尊い人命を奪い、人々に塗炭の苦しみを与えました。10年以上経った今もなお、震災は深い爪痕を残しています。当時の東京電力や菅直人《かんなおと》総理が率いる民主党政権のお粗末な対応ぶりは酷評されました。

しかし、その逆境のなかで見せた多くの日本人の振る舞いには、世界が感動しました。あれほどの惨事であるにもかかわらず、商品を奪い合う暴動も起こらず、被災者たちは寒いなかでも黙々と自分の配給の順番を待って並んでいました。他国では考えられないことでしょう。それればかりか、自らも被災し苦しんでいるさなか、救援隊から「大丈夫ですか？」と声をかけられた時には、多くの被災者が「私よりも、もっと苦しんでいる人があそこにいますから、その人たちを先に助けてください」と訴えたといいます。その姿に世界は涙しました。

私たちの魂の中には、同胞に対する愛情、そしてともに助け合って生きていこうとするスピリットが脈々と流れていると思います。

第8のスピリット

「大和《たいわ》スピリット」

私たち日本人は、基本的には争いごとを好まず、世界のなかでも特に平和を愛する民族だと思います。それは天皇家・皇室の願いであり、２０００年にわたって脈々と流れる日本の魂です。「和をもって貴しとなし……」というのは聖徳太子（厩戸皇子）の時代から続いている日本のスピリットです。大いなる和を自分たちの手で実現するには、和を大切にするスピリットをベースに、さまざまな考え方の差異を話し合い、対話によって乗り超えていくことが重要です。

日本は一神教の国ではありません。八百万《やおよろず》の神々がみんなで話し合い、力を合わせて国づくりをしていったといわれます。自分の考えと違うからといって、それを頭から否定することはありません。大和《やまと》の国は「言霊《ことだま》の幸《さき》はう国」といいますが、よき言葉とは、相手を思いやる温かい言葉であり、対立のなかに調和を見出そうという意思です。

それができるのが私たち日本人です。そのことを自覚して、この大和《たいわ》スピリットというバトンを、後世にしっかりとつなげていきたいと思います。

補章2

『日本国憲法』全文

前文

日本国民は、正当に選挙された国会における代表者を通じて行動し、われらとわれらの子孫のために、諸国民との協和による成果と、わが国全土にわたつて自由のもたらす恵沢を確保し、政府の行為によつて再び戦争の惨禍が起ることのないやうにすることを決意し、ここに主権が国民に存することを宣言し、この憲法を確定する。そもそも国政は、国民の厳粛な信託によるものであつて、その権威は国民に由来し、その権力は国民の代表者がこれを行使し、その福利は国民がこれを享受する。これは人類普遍の原理であり、この憲法は、かかる原理に基くものである。われらは、これに反する一切の憲法、法令及び詔勅を排除する。

日本国民は、恒久の平和を念願し、人間相互の関係を支配する崇高な理想を深く自覚するのであつて、平和を愛する諸国民の公正と信義に信頼して、われらの安全と生存を保持しようと決意した。われらは、平和を維持し、専制と隷従、圧迫と偏狭を地上から永遠に除去しようと努めてゐる国際社会において、名誉ある地位を占めたいと思ふ。われらは、全世界の国民が、ひとしく恐怖と欠乏から免かれ、平和のうちに生存する権利を有することを確認する。

われらは、いづれの国家も、自国のことのみに専念して他国を無視してはならないのであつて、政治道徳の法則は、普遍的なものであり、この法則に従ふことは、自国の主権を維持し、他国と対等関係に立たうとする各国の責務であると信ずる。

日本国民は、国家の名誉にかけ、全力をあげてこの崇高な理想と目的を達成することを誓ふ。

第１章　天皇

〔天皇の地位と主権在民〕

第１条　天皇は、日本国の象徴であり日本国民統合の象徴であつて、この地位は、主権の存する日本国民の総意に基く。

〔皇位の世襲〕

第２条　皇位は、世襲のものであつて、国会の議決した皇室典範の定めるところにより、これを継承する。

〔内閣の助言と承認及び責任〕

第３条　天皇の国事に関するすべての行為には、内閣の助言と承認を必要とし、内閣が、その責任を負ふ。

〔天皇の権能と権能行使の委任〕

第４条　天皇は、この憲法の定める国事に関する行為のみを行ひ、国政に関する権能を有しない。

②　天皇は、法律の定めるところにより、その国事に関する行為を委任することができる。

〔摂政〕

第５条　皇室典範の定めるところにより摂政を置くときは、摂政は、天皇の名でその国事に関する行為を行ふ。この場合には、前条第一項の規定を準用する。

〔天皇の任命行為〕

第６条　天皇は、国会の指名に基いて、内閣総理大臣を任命する。

②　天皇は、内閣の指名に基いて、最高裁判所の長たる裁判官を任命する。

〔天皇の国事行為〕

第７条　天皇は、内閣の助言と承認により、国民のために、左の国事に関する行為を行ふ。

一　憲法改正、法律、政令及び条約を公布すること。

二　国会を召集すること。
三　衆議院を解散すること。
四　国会議員の総選挙の施行を公示すること。
五　国務大臣及び法律の定めるその他の官吏の任免並びに全権委任状及び大使及び公使の信任状を認証すること。
六　大赦、特赦、減刑、刑の執行の免除及び復権を認証すること。
七　栄典を授与すること。
八　批准書及び法律の定めるその他の外交文書を認証すること。
九　外国の大使及び公使を接受すること。
十　儀式を行ふこと。

〔**財産授受の制限**〕

第8条　皇室に財産を譲り渡し、又は皇室が、財産を譲り受け、若しくは賜与することは、国会の議決に基かなければならない。

第2章　戦争の放棄

〔**戦争の放棄と戦力及び交戦権の否認**〕

第9条　日本国民は、正義と秩序を基調とする国際平和を誠実に希求し、国権の発動たる戦争と、武力による威嚇又は武力の行使は、国際紛争を解決する手段としては、永久にこれを放棄する。

②　前項の目的を達するため、陸海空軍その他の戦力は、これを保持しない。国の交戦権は、これを認めない。

第3章　国民の権利及び義務

〔**国民たる要件**〕

第10条　日本国民たる要件は、法律でこれを定める。

〔基本的人権〕
第11条　国民は、すべての基本的人権の享有を妨げられない。この憲法が国民に保障する基本的人権は、侵すことのできない永久の権利として、現在及び将来の国民に与へられる。

〔自由及び権利の保持義務と公共福祉性〕
第12条　この憲法が国民に保障する自由及び権利は、国民の不断の努力によつて、これを保持しなければならない。又、国民は、これを濫用してはならないのであつて、常に公共の福祉のためにこれを利用する責任を負ふ。

〔個人の尊重と公共の福祉〕
第13条　すべて国民は、個人として尊重される。生命、自由及び幸福追求に対する国民の権利については、公共の福祉に反しない限り、立法その他の国政の上で、最大の尊重を必要とする。

〔平等原則、貴族制度の否認及び栄典の限界〕
第14条　すべて国民は、法の下に平等であつて、人種、信条、性別、社会的身分又は門地により、政治的、経済的又は社会的関係において、差別されない。

② 華族その他の貴族の制度は、これを認めない。

③ 栄誉、勲章その他の栄典の授与は、いかなる特権も伴はない。栄典の授与は、現にこれを有し、又は将来これを受ける者の一代に限り、その効力を有する。

〔公務員の選定罷免権、公務員の本質、普通選挙の保障及び投票秘密の保障〕
第15条　公務員を選定し、及びこれを罷免することは、国民固有の権利である。

② すべて公務員は、全体の奉仕者であつて、一部の奉仕者ではない。

③ 公務員の選挙については、成年者による普通選挙を保障する。

④　すべて選挙における投票の秘密は、これを侵してはならない。選挙人は、その選択に関し公的にも私的にも責任を問はれない。

〔請願権〕

第16条　何人も、損害の救済、公務員の罷免、法律、命令又は規則の制定、廃止又は改正その他の事項に関し、平穏に請願する権利を有し、何人も、かかる請願をしたためにいかなる差別待遇も受けない。

〔公務員の不法行為による損害の賠償〕

第17条　何人も、公務員の不法行為により、損害を受けたときは、法律の定めるところにより、国又は公共団体に、その賠償を求めることができる。

〔奴隷的拘束及び苦役の禁止〕

第18条　何人も、いかなる奴隷的拘束も受けない。又、犯罪に因る処罰の場合を除いては、その意に反する苦役に服させられない。

〔思想及び良心の自由〕

第19条　思想及び良心の自由は、これを侵してはならない。

〔信教の自由〕

第20条　信教の自由は、何人に対してもこれを保障する。いかなる宗教団体も、国から特権を受け、又は政治上の権力を行使してはならない。

②　何人も、宗教上の行為、祝典、儀式又は行事に参加することを強制されない。

③　国及びその機関は、宗教教育その他いかなる宗教的活動もしてはならない。

〔集会、結社及び表現の自由と通信秘密の保護〕

第21条　集会、結社及び言論、出版その他一切の表現の自由は、これを保障する。

②　検閲は、これをしてはならない。通信の秘密は、これを侵してはならない。

〔居住、移転、職業選択、外国移住及び国籍離脱の自由〕

第22条　何人も、公共の福祉に反しない限り、居住、移転及び職業選択の自由を有する。

② 何人も、外国に移住し、又は国籍を離脱する自由を侵されない。

〔学問の自由〕

第23条　学問の自由は、これを保障する。

〔家族関係における個人の尊厳と両性の平等〕

第24条　婚姻は、両性の合意のみに基いて成立し、夫婦が同等の権利を有することを基本として、相互の協力により、維持されなければならない。

② 配偶者の選択、財産権、相続、住居の選定、離婚並びに婚姻及び家族に関するその他の事項に関しては、法律は、個人の尊厳と両性の本質的平等に立脚して、制定されなければならない。

〔生存権及び国民生活の社会的進歩向上に努める国の義務〕

第25条　すべて国民は、健康で文化的な最低限度の生活を営む権利を有する。

② 国は、すべての生活部面について、社会福祉、社会保障及び公衆衛生の向上及び増進に努めなければならない。

〔教育を受ける権利と受けさせる義務〕

第26条　すべて国民は、法律の定めるところにより、その能力に応じて、ひとしく教育を受ける権利を有する。

② すべて国民は、法律の定めるところにより、その保護する子女に普通教育を受けさせる義務を負ふ。義務教育は、これを無償とする。

〔勤労の権利と義務、勤労条件の基準及び児童酷使の禁止〕

第27条　すべて国民は、勤労の権利を有し、義務を負ふ。

② 賃金、就業時間、休息その他の勤労条件に関する基準は、法律でこれを定める。

③ 児童は、これを酷使してはならない。

〔勤労者の団結権及び団体行動権〕

第28条 勤労者の団結する権利及び団体交渉その他の団体行動をする権利は、これを保障する。

〔財産権〕

第29条 財産権は、これを侵してはならない。

② 財産権の内容は、公共の福祉に適合するやうに、法律でこれを定める。

③ 私有財産は、正当な補償の下に、これを公共のために用ひることができる。

〔納税の義務〕

第30条 国民は、法律の定めるところにより、納税の義務を負ふ。

〔生命及び自由の保障と科刑の制約〕

第31条 何人も、法律の定める手続によらなければ、その生命若しくは自由を奪はれ、又はその他の刑罰を科せられない。

〔裁判を受ける権利〕

第32条 何人も、裁判所において裁判を受ける権利を奪はれない。

〔逮捕の制約〕

第33条 何人も、現行犯として逮捕される場合を除いては、権限を有する司法官憲が発し、且つ理由となつてゐる犯罪を明示する令状によらなければ、逮捕されない。

〔抑留及び拘禁の制約〕

第34条 何人も、理由を直ちに告げられ、且つ、直ちに弁護人に依頼する権利を与へられなければ、抑留又は拘禁されない。又、何人も、正当な理由がなければ、拘禁されず、要求があれば、その理由は、直ちに本人及びその弁護人の出席する公開の法廷で示されなければならない。

〔侵入、捜索及び押収の制約〕

第35条 何人も、その住居、書類及び所持品について、侵入、捜索及び押収を受けることのない権利は、第三十三条の場合を除いては、正当な理由に基いて発せられ、且つ捜索する場所及び押収する物を明示する令状がなければ、侵されない。

② 捜索又は押収は、権限を有する司法官憲が発する各別の令状により、これを行ふ。

〔拷問及び残虐な刑罰の禁止〕

第36条 公務員による拷問及び残虐な刑罰は、絶対にこれを禁ずる。

〔刑事被告人の権利〕

第37条 すべて刑事事件においては、被告人は、公平な裁判所の迅速な公開裁判を受ける権利を有する。

② 刑事被告人は、すべての証人に対して審問する機会を充分に与へられ、又、公費で自己のために強制的手続により証人を求める権利を有する。

③ 刑事被告人は、いかなる場合にも、資格を有する弁護人を依頼することができる。被告人が自らこれを依頼することができないときは、国でこれを附する。

〔自白強要の禁止と自白の証拠能力の限界〕

第38条 何人も、自己に不利益な供述を強要されない。

② 強制、拷問若しくは脅迫による自白又は不当に長く抑留若しくは拘禁された後の自白は、これを証拠とすることができない。

③ 何人も、自己に不利益な唯一の証拠が本人の自白である場合には、有罪とされ、又は刑罰を科せられない。

〔遡及処罰、二重処罰等の禁止〕

第39条 何人も、実行の時に適法であつた行為又は既に無罪とされた行為については、刑事上の責任を問はれない。又、同一の犯罪について、重ねて刑事上の責任を問はれない。

〔刑事補償〕
第40条 何人も、抑留又は拘禁された後、無罪の裁判を受けたときは、法律の定めるところにより、国にその補償を求めることができる。

第4章 国会

〔国会の地位〕
第41条 国会は、国権の最高機関であつて、国の唯一の立法機関である。

〔二院制〕
第42条 国会は、衆議院及び参議院の両議院でこれを構成する。

〔両議院の組織〕
第43条 両議院は、全国民を代表する選挙された議員でこれを組織する。

② 両議院の議員の定数は、法律でこれを定める。

〔議員及び選挙人の資格〕
第44条 両議院の議員及びその選挙人の資格は、法律でこれを定める。但し、人種、信条、性別、社会的身分、門地、教育、財産又は収入によつて差別してはならない。

〔衆議院議員の任期〕
第45条 衆議院議員の任期は、四年とする。但し、衆議院解散の場合には、その期間満了前に終了する。

〔参議院議員の任期〕
第46条 参議院議員の任期は、六年とし、三年ごとに議員の半数を改選する。

〔議員の選挙〕
第47条 選挙区、投票の方法その他両議院の議員の選挙に関する事項は、法律でこれを定める。

〔両議院議員相互兼職の禁止〕

第48条　何人も、同時に両議院の議員たることはできない。

〔議員の歳費〕

第49条　両議院の議員は、法律の定めるところにより、国庫から相当額の歳費を受ける。

〔議員の不逮捕特権〕

第50条　両議院の議員は、法律の定める場合を除いては、国会の会期中逮捕されず、会期前に逮捕された議員は、その議院の要求があれば、会期中これを釈放しなければならない。

〔議員の発言表決の無答責〕

第51条　両議院の議員は、議院で行つた演説、討論又は表決について、院外で責任を問はれない。

〔常会〕

第52条　国会の常会は、毎年一回これを召集する。

〔臨時会〕

第53条　内閣は、国会の臨時会の召集を決定することができる。いづれかの議院の総議員の四分の一以上の要求があれば、内閣は、その召集を決定しなければならない。

〔総選挙、特別会及び緊急集会〕

第54条　衆議院が解散されたときは、解散の日から四十日以内に、衆議院議員の総選挙を行ひ、その選挙の日から三十日以内に、国会を召集しなければならない。

②　衆議院が解散されたときは、参議院は、同時に閉会となる。但し、内閣は、国に緊急の必要があるときは、参議院の緊急集会を求めることができる。

③　前項但書の緊急集会において採られた措置は、臨時のものであつて、次の国会開会の後

十日以内に、衆議院の同意がない場合には、その効力を失ふ。

〔資格争訟〕

第55条　両議院は、各々その議員の資格に関する争訟を裁判する。但し、議員の議席を失はせるには、出席議員の三分の二以上の多数による議決を必要とする。

〔議事の定足数と過半数議決〕

第56条　両議院は、各々その総議員の三分の一以上の出席がなければ、議事を開き議決することができない。

②　両議院の議事は、この憲法に特別の定のある場合を除いては、出席議員の過半数でこれを決し、可否同数のときは、議長の決するところによる。

〔会議の公開と会議録〕

第57条　両議院の会議は、公開とする。但し、出席議員の三分の二以上の多数で議決したときは、秘密会を開くことができる。

②　両議院は、各々その会議の記録を保存し、秘密会の記録の中で特に秘密を要すると認められるもの以外は、これを公表し、且つ一般に頒布しなければならない。

③　出席議員の五分の一以上の要求があれば、各議員の表決は、これを会議録に記載しなければならない。

〔役員の選任及び議院の自律権〕

第58条　両議院は、各々その議長その他の役員を選任する。

②　両議院は、各々その会議その他の手続及び内部の規律に関する規則を定め、又、院内の秩序をみだした議員を懲罰することができる。但し、議員を除名するには、出席議員の三分の二以上の多数による議決を必要とする。

〔法律の成立〕

第59条　法律案は、この憲法に特別の定のある場合を除いては、両議院で可決したとき法律となる。

②　衆議院で可決し、参議院でこれと異なった議決をした法律案は、衆議院で出席議員の三分の二以上の多数で再び可決したときは、法律となる。

③　前項の規定は、法律の定めるところにより、衆議院が、両議院の協議会を開くことを求めることを妨げない。

④　参議院が、衆議院の可決した法律案を受け取った後、国会休会中の期間を除いて六十日以内に、議決しないときは、衆議院は、参議院がその法律案を否決したものとみなすことができる。

〔衆議院の予算先議権及び予算の議決〕

第60条　予算は、さきに衆議院に提出しなければならない。

②　予算について、参議院で衆議院と異なった議決をした場合に、法律の定めるところにより、両議院の協議会を開いても意見が一致しないとき、又は参議院が、衆議院の可決した予算を受け取った後、国会休会中の期間を除いて三十日以内に、議決しないときは、衆議院の議決を国会の議決とする。

〔条約締結の承認〕

第61条　条約の締結に必要な国会の承認については、前条第二項の規定を準用する。

〔議院の国政調査権〕

第62条　両議院は、各々国政に関する調査を行ひ、これに関して、証人の出頭及び証言並びに記録の提出を要求することができる。

〔国務大臣の出席〕

第63条　内閣総理大臣その他の国務大臣は、両議院の一に議席を有すると有しないとにかかはらず、何時でも議案について発言するため議院に出席することができる。又、答弁又は説明のため出席を求められたときは、出席しなければならない。

〔弾劾裁判所〕

第64条 国会は、罷免の訴追を受けた裁判官を裁判するため、両議院の議員で組織する弾劾裁判所を設ける。

② 弾劾に関する事項は、法律でこれを定める。

第5章 内閣

〔行政権の帰属〕

第65条 行政権は、内閣に属する。

〔内閣の組織と責任〕

第66条 内閣は、法律の定めるところにより、その首長たる内閣総理大臣及びその他の国務大臣でこれを組織する。

② 内閣総理大臣その他の国務大臣は、文民でなければならない。

③ 内閣は、行政権の行使について、国会に対し連帯して責任を負ふ。

〔内閣総理大臣の指名〕

第67条 内閣総理大臣は、国会議員の中から国会の議決で、これを指名する。この指名は、他のすべての案件に先だつて、これを行ふ。

② 衆議院と参議院とが異なつた指名の議決をした場合に、法律の定めるところにより、両議院の協議会を開いても意見が一致しないとき、又は衆議院が指名の議決をした後、国会休会中の期間を除いて十日以内に、参議院が、指名の議決をしないときは、衆議院の議決を国会の議決とする。

〔国務大臣の任免〕

第68条 内閣総理大臣は、国務大臣を任命する。但し、その過半数は、国会議員の中から選ばれなければならない。

② 内閣総理大臣は、任意に国務大臣を罷免することができる。

〔不信任決議と解散又は総辞職〕

第69条 内閣は、衆議院で不信任の決議案を可決し、又は信任の決議案を否決したときは、十日以内に衆議院が解散されない限り、総辞職をしなければならない。

〔内閣総理大臣の欠缺又は総選挙施行による総辞職〕

第70条 内閣総理大臣が欠けたとき、又は衆議院議員総選挙の後に初めて国会の召集があつたときは、内閣は、総辞職をしなければならない。

〔総辞職後の職務続行〕

第71条 前二条の場合には、内閣は、あらたに内閣総理大臣が任命されるまで引き続きその職務を行ふ。

〔内閣総理大臣の職務権限〕

第72条 内閣総理大臣は、内閣を代表して議案を国会に提出し、一般国務及び外交関係について国会に報告し、並びに行政各部を指揮監督する。

〔内閣の職務権限〕

第73条 内閣は、他の一般行政事務の外、左の事務を行ふ。

一 法律を誠実に執行し、国務を総理すること。

二 外交関係を処理すること。

三 条約を締結すること。但し、事前に、時宜によつては事後に、国会の承認を経ることを必要とする。

四 法律の定める基準に従ひ、官吏に関する事務を掌理すること。

五 予算を作成して国会に提出すること。

六 この憲法及び法律の規定を実施するため

に、政令を制定すること。但し、政令には、特にその法律の委任がある場合を除いては、罰則を設けることができない。

七　大赦、特赦、減刑、刑の執行の免除及び復権を決定すること。

〔法律及び政令への署名と連署〕

第74条　法律及び政令には、すべて主任の国務大臣が署名し、内閣総理大臣が連署することを必要とする。

〔国務大臣訴追の制約〕

第75条　国務大臣は、その在任中、内閣総理大臣の同意がなければ、訴追されない。但し、これがため、訴追の権利は、害されない。

第6章　司法

〔司法権の機関と裁判官の職務上の独立〕

第76条　すべて司法権は、最高裁判所及び法律の定めるところにより設置する下級裁判所に属する。

② 特別裁判所は、これを設置することができない。行政機関は、終審として裁判を行ふことができない。

③ すべて裁判官は、その良心に従ひ独立してその職権を行ひ、この憲法及び法律にのみ拘束される。

〔最高裁判所の規則制定権〕

第77条　最高裁判所は、訴訟に関する手続、弁護士、裁判所の内部規律及び司法事務処理に関する事項について、規則を定める権限を有する。

② 検察官は、最高裁判所の定める規則に従はなければならない。

③ 最高裁判所は、下級裁判所に関する規則を定める権限を、下級裁判所に委任することができる。

〔裁判官の身分の保障〕

第78条　裁判官は、裁判により、心身の故障のために職務を執ることができないと決定された場合を除いては、公の弾劾によらなければ罷免されない。裁判官の懲戒処分は、行政機関がこれを行ふことはできない。

〔最高裁判所の構成及び裁判官任命の国民審査〕

第79条　最高裁判所は、その長たる裁判官及び法律の定める員数のその他の裁判官でこれを構成し、その長たる裁判官以外の裁判官は、内閣でこれを任命する。

②　最高裁判所の裁判官の任命は、その任命後初めて行はれる衆議院議員総選挙の際国民の審査に付し、その後十年を経過した後初めて行はれる衆議院議員総選挙の際更に審査に付し、その後も同様とする。

③　前項の場合において、投票者の多数が裁判官の罷免を可とするときは、その裁判官は、罷免される。

④　審査に関する事項は、法律でこれを定める。

⑤　最高裁判所の裁判官は、法律の定める年齢に達した時に退官する。

⑥　最高裁判所の裁判官は、すべて定期に相当額の報酬を受ける。この報酬は、在任中、これを減額することができない。

〔下級裁判所の裁判官〕

第80条　下級裁判所の裁判官は、最高裁判所の指名した者の名簿によつて、内閣でこれを任命する。その裁判官は、任期を十年とし、再任されることができる。但し、法律の定める年齢に達した時には退官する。

②　下級裁判所の裁判官は、すべて定期に相当額の報酬を受ける。この報酬は、在任中、これを減額することができない。

〔最高裁判所の法令審査権〕

第81条 最高裁判所は、一切の法律、命令、規則又は処分が憲法に適合するかしないかを決定する権限を有する終審裁判所である。

〔対審及び判決の公開〕

第82条 裁判の対審及び判決は、公開法廷でこれを行ふ。

② 裁判所が、裁判官の全員一致で、公の秩序又は善良の風俗を害する虞があると決した場合には、対審は、公開しないでこれを行ふことができる。但し、政治犯罪、出版に関する犯罪又はこの憲法第三章で保障する国民の権利が問題となつてゐる事件の対審は、常にこれを公開しなければならない。

第7章 財政

〔財政処理の要件〕

第83条 国の財政を処理する権限は、国会の議決に基いて、これを行使しなければならない。

〔課税の要件〕

第84条 あらたに租税を課し、又は現行の租税を変更するには、法律又は法律の定める条件によることを必要とする。

〔国費支出及び債務負担の要件〕

第85条 国費を支出し、又は国が債務を負担するには、国会の議決に基くことを必要とする。

〔予算の作成〕

第86条 内閣は、毎会計年度の予算を作成し、国会に提出して、その審議を受け議決を経なければならない。

〔予備費〕

第87条 予見し難い予算の不足に充てるため、国会の議決に基いて予備費を設け、内閣の責任でこれを支出することができる。

② すべて予備費の支出については、内閣は、事後に国会の承諾を得なければならない。

〔皇室財産及び皇室費用〕

第88条　すべて皇室財産は、国に属する。すべて皇室の費用は、予算に計上して国会の議決を経なければならない。

〔公の財産の用途制限〕

第89条　公金その他の公の財産は、宗教上の組織若しくは団体の使用、便益若しくは維持のため、又は公の支配に属しない慈善、教育若しくは博愛の事業に対し、これを支出し、又はその利用に供してはならない。

〔会計検査〕

第90条　国の収入支出の決算は、すべて毎年会計検査院がこれを検査し、内閣は、次の年度に、その検査報告とともに、これを国会に提出しなければならない。

② 会計検査院の組織及び権限は、法律でこれを定める。

〔財政状況の報告〕

第91条　内閣は、国会及び国民に対し、定期に、少くとも毎年一回、国の財政状況について報告しなければならない。

第8章　地方自治

〔地方自治の本旨の確保〕

第92条　地方公共団体の組織及び運営に関する事項は、地方自治の本旨に基いて、法律でこれを定める。

〔地方公共団体の機関〕

第93条　地方公共団体には、法律の定めるところにより、その議事機関として議会を設置する。

② 地方公共団体の長、その議会の議員及び法

律の定めるその他の吏員は、その地方公共団体の住民が、直接これを選挙する。

〔地方公共団体の権能〕

第94条　地方公共団体は、その財産を管理し、事務を処理し、及び行政を執行する権能を有し、法律の範囲内で条例を制定することができる。

〔一の地方公共団体のみに適用される特別法〕

第95条　一の地方公共団体のみに適用される特別法は、法律の定めるところにより、その地方公共団体の住民の投票においてその過半数の同意を得なければ、国会は、これを制定することができない。

第9章　改正

〔憲法改正の発議、国民投票及び公布〕

第96条　この憲法の改正は、各議院の総議員の三分の二以上の賛成で、国会が、これを発議し、国民に提案してその承認を経なければならない。この承認には、特別の国民投票又は国会の定める選挙の際行はれる投票において、その過半数の賛成を必要とする。

②　憲法改正について前項の承認を経たときは、天皇は、国民の名で、この憲法と一体を成すものとして、直ちにこれを公布する。

第10章　最高法規

〔基本的人権の由来特質〕

第97条　この憲法が日本国民に保障する基本的人権は、人類の多年にわたる自由獲得の努力の成果であつて、これらの権利は、過去幾多の試錬に堪へ、現在及び将来の国民に対し、侵すことのできない永久の権利として信託されたものである。

〔憲法の最高性と条約及び国際法規の遵守〕

第98条　この憲法は、国の最高法規であつて、その条規に反する法律、命令、詔勅及び国務に関するその他の行為の全部又は一部は、その効力を有しない。

②　日本国が締結した条約及び確立された国際法規は、これを誠実に遵守することを必要とする。

〔憲法尊重擁護の義務〕

第99条　天皇又は摂政及び国務大臣、国会議員、裁判官その他の公務員は、この憲法を尊重し擁護する義務を負ふ。

第11章　補則

〔施行期日と施行前の準備行為〕

第１００条　この憲法は、公布の日から起算して六箇月を経過した日〔昭二二・五・三〕から、これを施行する。

②　この憲法を施行するために必要な法律の制定、参議院議員の選挙及び国会召集の手続並びにこの憲法を施行するために必要な準備手続は、前項の期日よりも前に、これを行ふことができる。

〔参議院成立前の国会〕

第１０１条　この憲法施行の際、参議院がまだ成立してゐないときは、その成立するまでの間、衆議院は、国会としての権限を行ふ。

〔参議院議員の任期の経過的特例〕

第１０２条　この憲法による第一期の参議院議員のうち、その半数の者の任期は、これを三年とする。その議員は、法律の定めるところにより、これを定める。

〔公務員の地位に関する経過規定〕

第１０３条　この憲法施行の際現に在職する国務大臣、衆議院議員及び裁判官並びにその他の公務員で、その地位に相応する地位がこの憲法で認められてゐる者は、法律で特別の定をした場合を除いては、この憲法施行のため、当然にはその地位を失ふことはない。但し、この憲法によつて、後任者が選挙又は任命されたときは、当然その地位を失ふ。

【写真提供】

国立国会図書館「近代日本人の肖像」
p.23、27、28左、38、40、86、89、93左、215

共同通信社
p.30、174

ロイター＝共同
p.113

内閣広報室
p.83、85、93右、102、114、171

〈著者略歴〉

小田全宏（おだ　ぜんこう）
昭和33年滋賀県彦根市生まれ。東京大学法学部を卒業後、公益財団法人松下政経塾に入塾。1987年、松下幸之助翁の人間学をベースにした人材育成活動を開始。以来「陽転思考」を中心とした講演や研修活動を全国で展開する。現在は、社会教育家として幅広く人づくりに尽力すると同時に、日本の伝統精神（ジャパン・スピリット）を次世代に伝える活動も精力的に推進中である。
株式会社ルネッサンス・ユニバーシティ　代表取締役
一般社団法人ジャパン・スピリット協会　代表理事
認定ＮＰＯ法人富士山世界遺産会議　運営委員長
ＮＰＯ法人日本政策フロンティア　理事長
真言宗弘法寺　管長
一般社団法人未来音楽企画　代表理事
ＴＯＫＹＯ自民党政経塾　塾長代行

私たちの未来を変える憲法改正
国民投票実現に向けたロードマップ

2023年11月３日　第１版第１刷発行

著　者　小田全宏
発　行　株式会社ＰＨＰエディターズ・グループ
〒135-0061　東京都江東区豊洲5-6-52
☎03-6204-2931
https://www.peg.co.jp/

印　刷
製　本　シナノ印刷株式会社

 ISBN978-4-910739-38-0